AF546164

DANIEL FALB

ORCHIDEE UND TECHNOFOSSIL

GEDICHTE

Seid der
Panther ur
euch lieber
und Orch
und P
Deleuze
Tausenc

rosarote
d ihr werdet
wie Wespe
dee, Katze
avian.
/Guattari,
Plateaus

Inhalt

III. Chicxulub Paem 71

in dem das peinlich genau klimatisierte Marbacher Literaturarchiv zum Paradigma einer Klimapolitik fürs Anthropozän wird und seine institutionelle Vorgeschichte – Schillerhaus, Nationalmuseum usw. – zur Szenografie zeitgenössischer und prä-historischer Klimafluchtbewegungen. In der Prähistoire jedoch vermischen sich die Menschenspezies und ich werde zum fossilen Überrest eines vorzeitlich gestorbenen Kindes. Der Komet von Chicxulub trifft die Erde, noch während Sie das lesen.

IV. Geber Quartett 97

das vier Erscheinungsformen unserer Schuld durchspielt. Dazu verwandelt es das Pariser Centre Georges-Pompidou in eine Maschine zur Aufhebung von Erblichkeit, betrachtet die PDF-Datei mit einem Report der Hilfsorganisation Oxfam auf meinem Notebook als Universum, das aus dem Urknall einer deutsch-griechischen Verschuldungsgeschichte hervorgeht, und zeigt, dass es Unschuldige sind, die die größten Verbrechen begehen.

Svalbard Paem
(2018)

I. Svalbard Paem

Tael 1

Svalbard Paem übergibt sich in den tauenden Gang von Svalbard,

an dessen Ende die drei Tresore mit den Saaten sind, zeigt,

was in seinem Magen ist: klimawandelresistentes metallisches Sorghum,

Stücke von Okra-Gravur in einer Wolke aus brodelndem

Messing unter dem Mandat des Global Crop Diversity

Trusts. Und Coke Light. Svalbard Paem ist dein, oder mein,

Leben, das sich in Generationen wiederholt, unter der Haube

aus Linnen, da, wo auch Svalbard Paems nassgeschwitztes

Haar ist, übergibt sich ins sich umwendende Krebsgesicht

und auf die sommersprossigen Schultern von Cis-Cary Fowler,

das ist einer der Initiator*innen, der, apriorisch,

30 cm direkt vor Paems Nase

den Gang runtergeht, mit seinem lockigen Haar, mit seinem Haar,

und nettchen labert. Bei einer Führung. Mit einer Ledertasche.

Und wie ein helles Tattoo, von dem ich glaub', dass es auf seiner Wange

hin- und herwandert und sich „lichtend" vertieft, erblickt Svalbard Paem

das große Kreuz, das ist das vertikal durchgestrichene Kreuzsymbol,

von dem sein Gesicht mit Licht fast durchlöchert ist wie ein

Moscheeraum. Svalbard Paem übergibt sich direkt

in sein Gesicht. Aber Cis-Cary Fowler merkt es nicht, ist

Augmented Reality von Paem, wird auf sein' „Netzhaut" im

Gegenlicht angezeigt mit Schilfgras, egal

wohin und an wen es sich wendet.

Svalbard Paem ist, empirisch, im Südtiroler Archäologiemuseum

in Bozen, das Erbrochene fällt warm

in die eingeknüllten eingesternten Augenhöhlen

von *Ötzi* – Erste Samenbank für mtDNA mit Arm-Chiffre –, fällt

in seinen Mund, an dem die Weltbevölkerung wächst,

mit seinen schwarzen Herzen pulsierend in der trockenen Arm-

muskulatur, da Fowler seine kleine Führung auf dem

Ersten Zufälligen Saatguttresor fortsetzt, „its

stomach content yellowish to brownish colored and mushy

with some bigger pieces of grain and meat," namentlich Kleie oder

Brot vom Einkorn, Gerste, Adlerfarn, Pollen

von Kiefernartigen und Hopfenbuchen, getrocknetes oder

geräuchertes Fleisch vom wilden Alpensteinbock

Capra Ibex, organs like the spleen, liver or brain from red

deer was also Teil seines Mahls, die Eier

des Peitschenwurms. Gehirn breitet sich wuschig wuschig
aus an seinem, vom Klimawandel *frei*-gelegten Mund. Immer mehr
Paeme stehn an seinem Käfig, wippen mit breiter Hose
in der Hocke. Sein Sperma, weiß im Schnee der italienischen
Alpen. Svalbard Paem übergibt sich heftig in eine Felswand. Svalbard
Paem übergibt sich in ein Gesicht. Svalbard Paem
übergibt sich in einen Wasserfilm, wo unten,
in zusammenlaufenden Kanten, alles Wäss'rige im Dunkel
zusammenfloss.

In eine Ledertasche, die
dein Leben war.

Tael 2

Die Schwimmende Schildkröte

das Trinkgefäß aus Knochen,

schwimmt auf dem Rücken

vor Svalbard Paem,

mit ihrer Einbauküche,

in ihrer Ledertasche,

und ihr Bauchpanzer wird aufgeschnitten,

-gesägt und gestemmt, die

Platte abgehoben, das Hohlgefäß,

dunkel wie eine Kirche, wird

zum vollen Menü der Organe,

mit zwölf schwarzen Herzen,

rotierendem Natostern,

Sonnensystemen-Modellen aus Messing,

die Schildkröte strampelt und schwimmt, und

da C. Fowler sich auf ihr umdreht und

mit seinen Fäustlingen da hindeutet,

wird sie leergeschaufelt mit Schaufeln, den

offenen Bauch gen purpurnen Himmel.

Svalbard Paem trinkt aus der offenen Schale,

wie wenn eine Zunge im Glas wedelt, es

ausleckt. Aber das Blut läuft nicht in seinen

Körper, sondern bildet eine Blutwolke

im flachen Tropenwasser unter der *linnenen*

Spitzenhaube, im Wirkungsbereich der

Sea Turtle Conservancy (STC) und ihrer

Schutzanstrengungen. Sie erbricht sich, aber da ist nichts.

Insofern taucht hier eine zweite Idee auf, die Idee

von *Storage in Praxis*.

Die in deinem Leben als Bäuer*in bei deinem

vertäfelten Gesicht gespeicherten Sorten

der vorindustriellen Landwirtschaft

fließen aus den vier Taelern von Svalbard

Paem in die Konstellation von Saatguttresoren, das

geometrische Raumschiff under der linnenen

Spitzenhaube des Mars Science Lab (MSL), nämlich

(1) die punktförmigen Nationentresore im

rötlichen Erdenstaub which contain

the seeds of individual countries,

wie Syrien oder Afghanistan,

darüber

(2) die 11 internationalen Saatgutbibliotheken, sogenannte

CGIAR centers founded by some sixty countries

and organizations, managed by the **C**onsultative

Group on **I**nternational **A**gricultural **R**esearch,

which store specific crops, und

eompor, mit taubengroßen Eiern gefüllte Schale,

die Schwimmende Schildkröte,

(3) der Svalbard Saatentresor.

Dieser Übergang der gespeicherten Agro-Biodiversität von Lebenswirklichkeit

in pure Möglichkeit

I. Svalbard Paem

ist

Das Große Kreuz

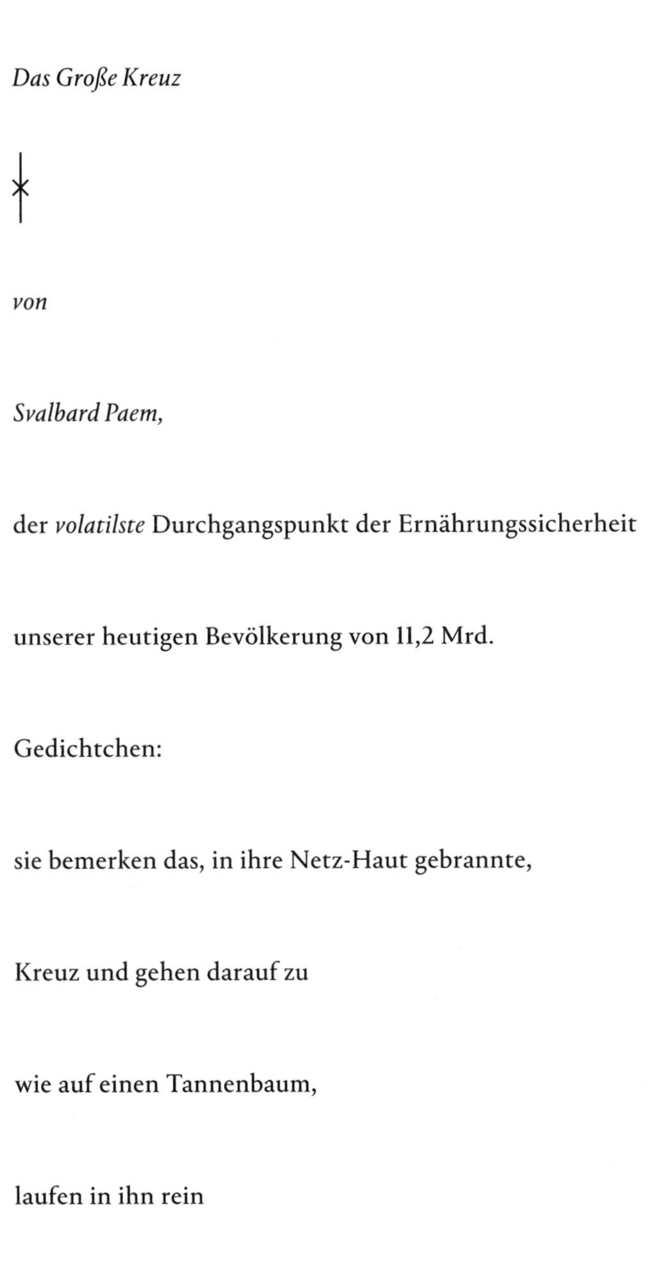

von

Svalbard Paem,

der *volatilste* Durchgangspunkt der Ernährungssicherheit

unserer heutigen Bevölkerung von 11,2 Mrd.

Gedichtchen:

sie bemerken das, in ihre Netz-Haut gebrannte,

Kreuz und gehen darauf zu

wie auf einen Tannenbaum,

laufen in ihn rein

wie in einen riesigen stacheligen Strohstern

einen Licht-Raum-Modulator von

Moholy-Nagy.

I. Svalbard Paem

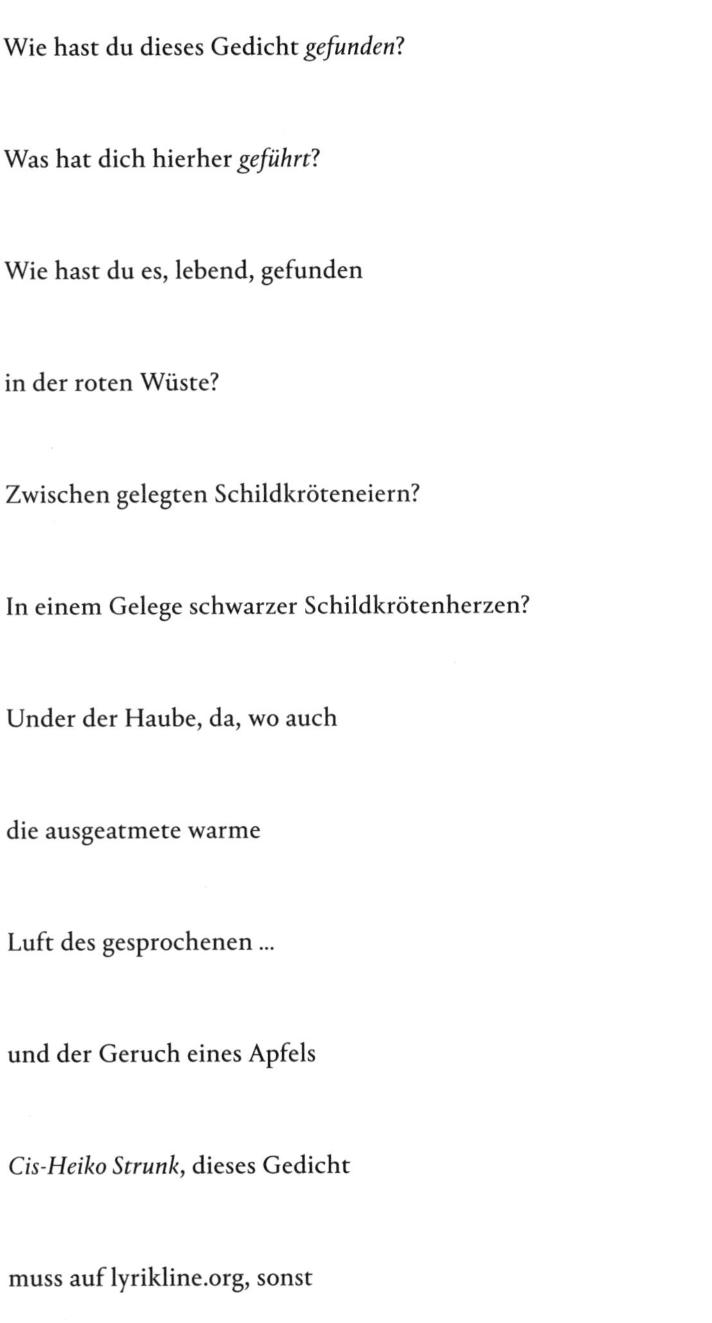

Tael 3

Wie hast du dieses Gedicht *gefunden*?

Was hat dich hierher *geführt*?

Wie hast du es, lebend, gefunden

in der roten Wüste?

Zwischen gelegten Schildkröteneiern?

In einem Gelege schwarzer Schildkrötenherzen?

Under der Haube, da, wo auch

die ausgeatmete warme

Luft des gesprochenen ...

und der Geruch eines Apfels

Cis-Heiko Strunk, dieses Gedicht

muss auf lyrikline.org, sonst

muss ich es andauernd sprechen. *Thanks*

lyrikline.org ist DOBES, das VolkswagenStiftung-

geförderte Documentation of Endangered Languages

Project bei meinem durchnässten Haar.

Die Saaten der Wörter Sorghum, Okra,

Einkorn und Gerste, Hopfenbuchen, Tannenbaum etc.

verschwinden ja mit den sterbenden

Sprachen, in denen sie gelagert sind. Am

Ende bleibt dann nur das „Deutsche" übrig – wenn

das hier immer nur in Deiner Gegenwart

gelesen werden kann ;-) –, in dessen tauendem Gang

im Haus für Poesie

ein SUPERZERFLEDDERTES, MIT

GUMMI ZUSAMMENGEHALTENES ODER -GEBUNDENES

BUCH / BRAUNES BLATTKONVOLUT / EIN

BUCH WIE EIN GLÄNZENDER BABY-ÖTZI

auf der Schwelle liegt, in dem ich meine

Wiki Searches nach „Grimm'sches Wörterbuch"

ausgedruckt habe, und die Etymologie der

Foodbegriffe darin, ohne die mein Beitrag f

ür KOOK.MONO,

„Svalbard Paem",

ganz weiß und leer

geblieben wär.

lyrikline.org ist der Quell, aus dem dein Leben geflossen ist,

oder der Same, aus dem es gesprossen ist,

das ist der eine Prozess, der ihm sozusagen *vorhergeht*,

bei dem sich eine Kugel bildet mit ungesehener Höhlenmalerei,

das ist der Prozess, bei dem sich der Mars-Rover

bootet, bevor er angeschaltet wird und sich wahrnimmt,

der *eine* Prozess, den er dann überhaupt nur beobachten kann, der

auf seiner Retina eintätowiert ist – so würde man das vielleicht sagen –.

Es geht um die Sprache, aber es geht um das Leben,

und insofern um, irgendwie so, den intimsten Punkt

des Anthropischen Prinzips, sozusagen, und wenn irgendwie,

sozusagen, die Etymologie von einem Wort – wie „geboren"

zum Beispiel –, 'ne andere wäre, dann wäre man nicht

geboren worden.

Und wenn die Etymologie irgendwelcher Foodstuffs oder so

eine andere wäre, dann wäre man nicht

geboren worden, dann hätte es quasi kein Paem gegeben,

hätte es in dem Sinne, äh, gewissermaßen auch nichts zu essen gegeben,

es wäre eine vollkommen andere Geschichte gewesen.

Und ich denke das ist irgendwie die, die Dimension, Etymologie ist Geschichte,

einfach, und wenn deine Existenz sozusagen

textualistisch ist, wie das in gewissem Sinne hier behauptet wird –

Paem ist dein Leben –, äh,

dann ist eben diese Textgeschichte, diese Etymologie, die Dimension,

in den sich – in der das extramentale Apriori spielt, und

eben insbesondere – sagt man dann quasi – in den

Etymologien, jetzt in dem Fall,

der Foodbegriffe.

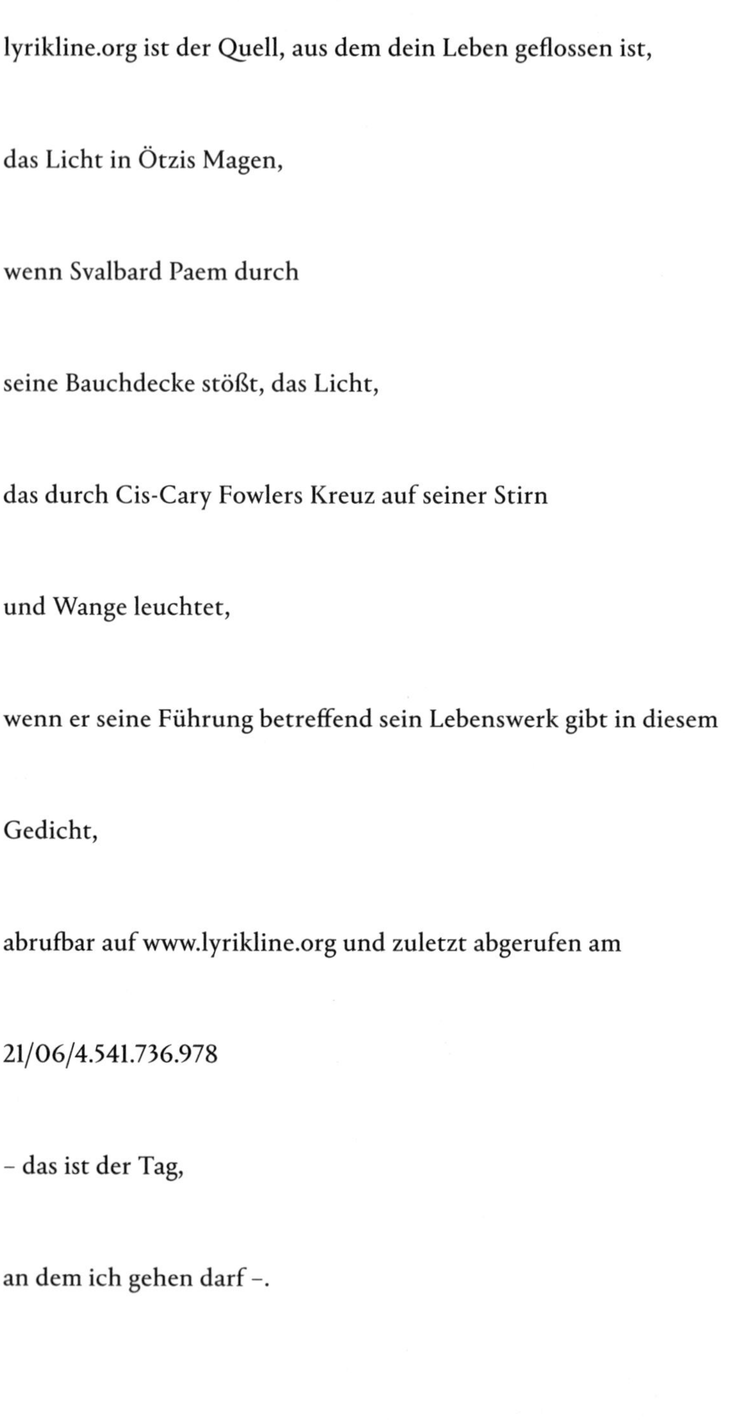

lyrikline.org ist der Quell, aus dem dein Leben geflossen ist,

das Licht in Ötzis Magen,

wenn Svalbard Paem durch

seine Bauchdecke stößt, das Licht,

das durch Cis-Cary Fowlers Kreuz auf seiner Stirn

und Wange leuchtet,

wenn er seine Führung betreffend sein Lebenswerk gibt in diesem

Gedicht,

abrufbar auf www.lyrikline.org und zuletzt abgerufen am

21/06/4.541.736.978

– das ist der Tag,

an dem ich gehen darf –.

Die Nachfolger*innen von Heiko Strunk (Projektleiter*in)

und Juliane Otto (Internationale Kommunikation),

Mira Lina Simon (Presse), Michael Mechner

(Audioproduktion), Kevin Nagel (Audioproduktion)

von lyrikline.org beim Haus für Poesie

und die Nachfolger*innen (R.I.P. Fowler, der immer noch

an dieser Stelle entlanggeht) des Leitungsteams

im Bonner Crop Trust, der Svalbard managed,

also

Marie Hager (Executive Director) und Bernhard

Stocker (Executive Assistant) aus dem Executive Office,

Timothy Andrew Fisher (Chair of the

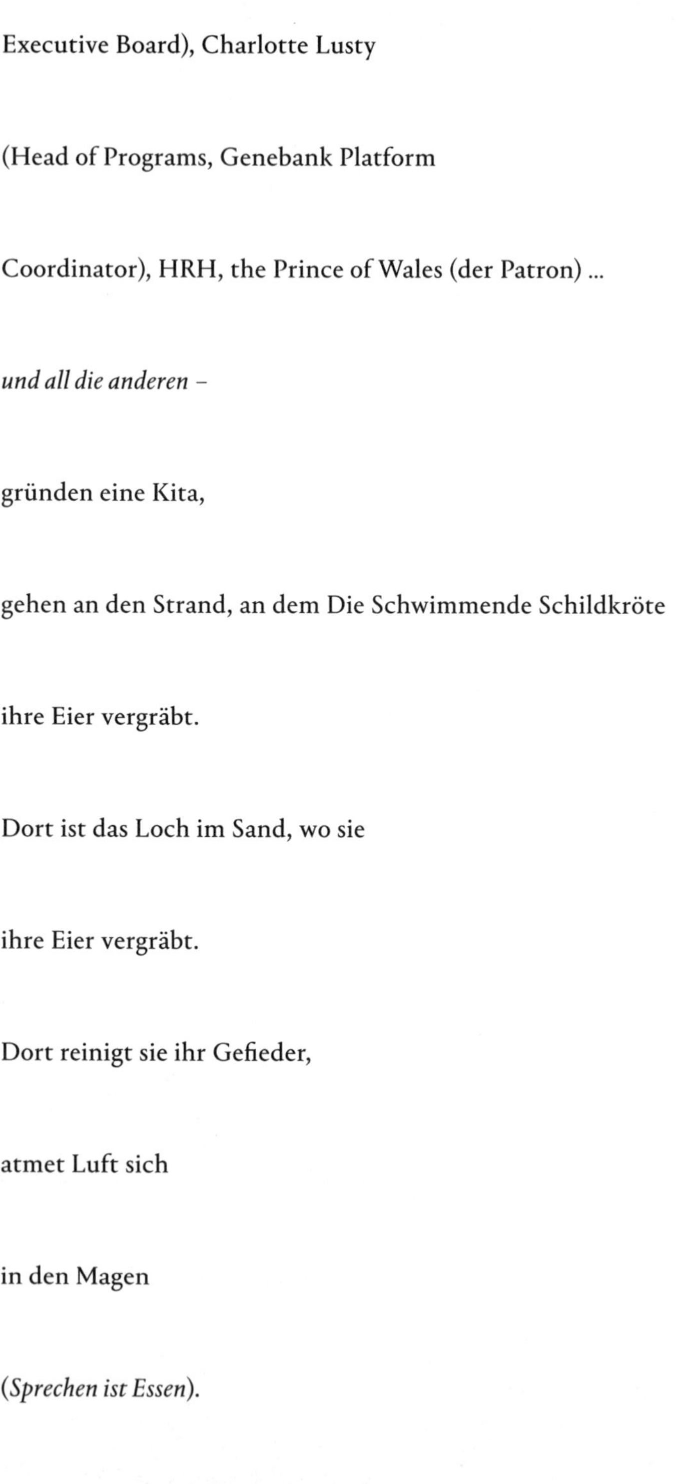

Executive Board), Charlotte Lusty

(Head of Programs, Genebank Platform

Coordinator), HRH, the Prince of Wales (der Patron) ...

und all die anderen –

gründen eine Kita,

gehen an den Strand, an dem Die Schwimmende Schildkröte

ihre Eier vergräbt.

Dort ist das Loch im Sand, wo sie

ihre Eier vergräbt.

Dort reinigt sie ihr Gefieder,

atmet Luft sich

in den Magen

(*Sprechen ist Essen*).

I. Svalbard Paem

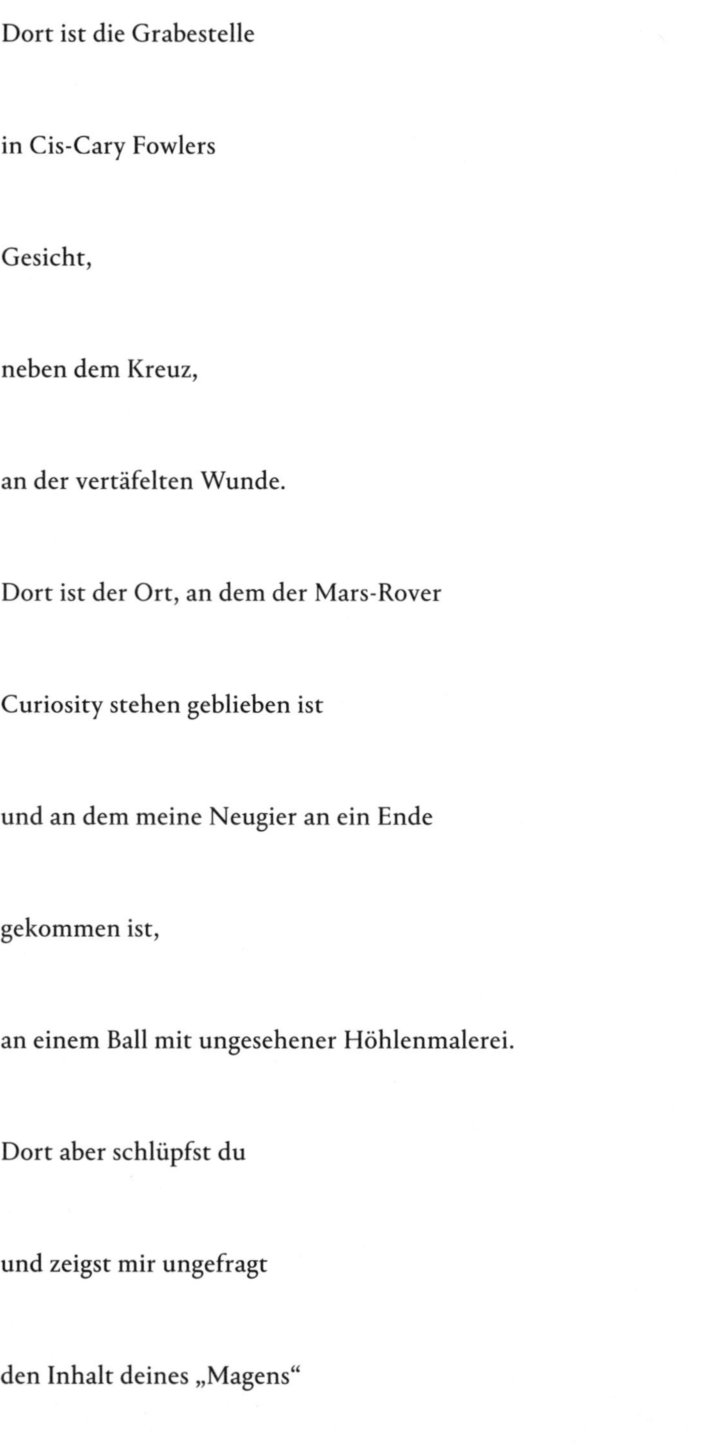

Dort ist die Grabestelle

in Cis-Cary Fowlers

Gesicht,

neben dem Kreuz,

an der vertäfelten Wunde.

Dort ist der Ort, an dem der Mars-Rover

Curiosity stehen geblieben ist

und an dem meine Neugier an ein Ende

gekommen ist,

an einem Ball mit ungesehener Höhlenmalerei.

Dort aber schlüpfst du

und zeigst mir ungefragt

den Inhalt deines „Magens“

– er ist noch weiß

und leer –,

da sich Svalbard Paem,

dein Leben,

– *Dir* –

übergibt.

Kanker Quartett
(2019)

II. Kanker Quartett

I. *19072019*

Bei Huitlacoche is es eben so dass die Maiskörner

von nem Pilz befallen sind der n künstliches Wachstum

im Maiskorn auslöst also das heißt Krebs auslöst

weil in diesem Krebsgewebe in diesem hypertrophierten

Gewebe die die Sporen dieser Pilze gut gedeihen und

nnn-diese riesenhaften Maiskörner werden dann

ganz grau wenn man die aufmacht staubt es da quasi

schwarz raus und irgendwie ist das so ne Idee ahm dass da so

was *geöffnet* wird und dass da sowas raus-kommt auch

wie zB wie auch bei einer OP oder so wo

so ein Gewebe

eröffnet wird

und dann sich ne Raucherlunge zeigt zB

auch ganz grau im im Brustkorb

und ahmmm *fff* ja

hhh zB auch so dann *Plastik* und so kulturelle Abfälle

wenn man nen Magen öffnet und

das ist so diese Vorstellung dass a ahm diese

wiederkehrende Vorstellung einfach dass

son Blumenstrauß oder irgendsowas total *Kratziges*

direkt im Fleisch eigentlich eingeschlossen is'

genau so gebündelte Mais-äh gebündelte Weizen-

ähren so oder genau meinetwegen auch son

eingelegter Maiskolben oder sowas dass das irgendwie

im Fleisch is oder halt im im Gehirn äh per se

denn das ist letztlich so das das Szenario

dass es da son Brainkanker gibt bzw

dass es eben Dinge im Gehirn

gibt ahm jetzt auch beim *Lesen*

und dass die behandelt werden mit nem

Bestrahlungsgerät im Prinzip

und das ist der und das ist der und das ist der Varian

Halcyon™ rrrrhhm

und der Halcyon ist eigentlich ein total archaisches Gerät

ahm es ist ein ein ahm sechs- grob sechseckiges Gerät

wo in der Mitte n riesiges Loch is in das man sich

reinlegt es erinnert irgendwie an ein an ein Mühlrad

das dreht sich nich' aber da is' ein Teilchenbeschleuniger drin

der irgendwie diese diesen X-ray produziert

der dann auf den Tumor geschossen wird

und da haben wir eben dieses ah diese diese Mühlrad--optik

und damit zugleich das Zermahlen und das sind diese ständigen

ständig wiederkehrenden Ideen einfach von zermahlenem

Mais zermahlenen Blüten auf so nem Sandstein

der direkt verknüpft ist mit dem mit dem Mühlrad

und umgekehrt aber auch nochmal diese Idee von dem

Bach der mit soner riesigen Gewalt im Grunde

sone lineare Kraft bildet die auch durchs Fleisch

geht ahm und

ja

wir sind eben auf sonem Feld

von *agricultural imaginary*

still wo Ideen von Zeichensystemen

und Runen ahm von

Agro-Religionen

agrikulturellen Religionen

early religions

und sowas auftauchen

und insofern wirklich dann auch

diese Vorstellung dass man diesen Halcyon

als als Kochgerät [= als Mikrowelle]

verwendet

und dass eben in dieser Situation Huitlacoche

gekocht wird

so

im Prinzip für die

Leser*innen

[...]

und aber sobald man ah quasi

dann diesen Kanker hat im Mais

und diesen Kanker hat

im Gehirn hhhhh ah ahm und quasi dieser Cancer

auf die Teile des Gehirns drückt

in denen gerade das Gedicht aufgebaut wird

dann ist man automatisch auch in nem

imaginary

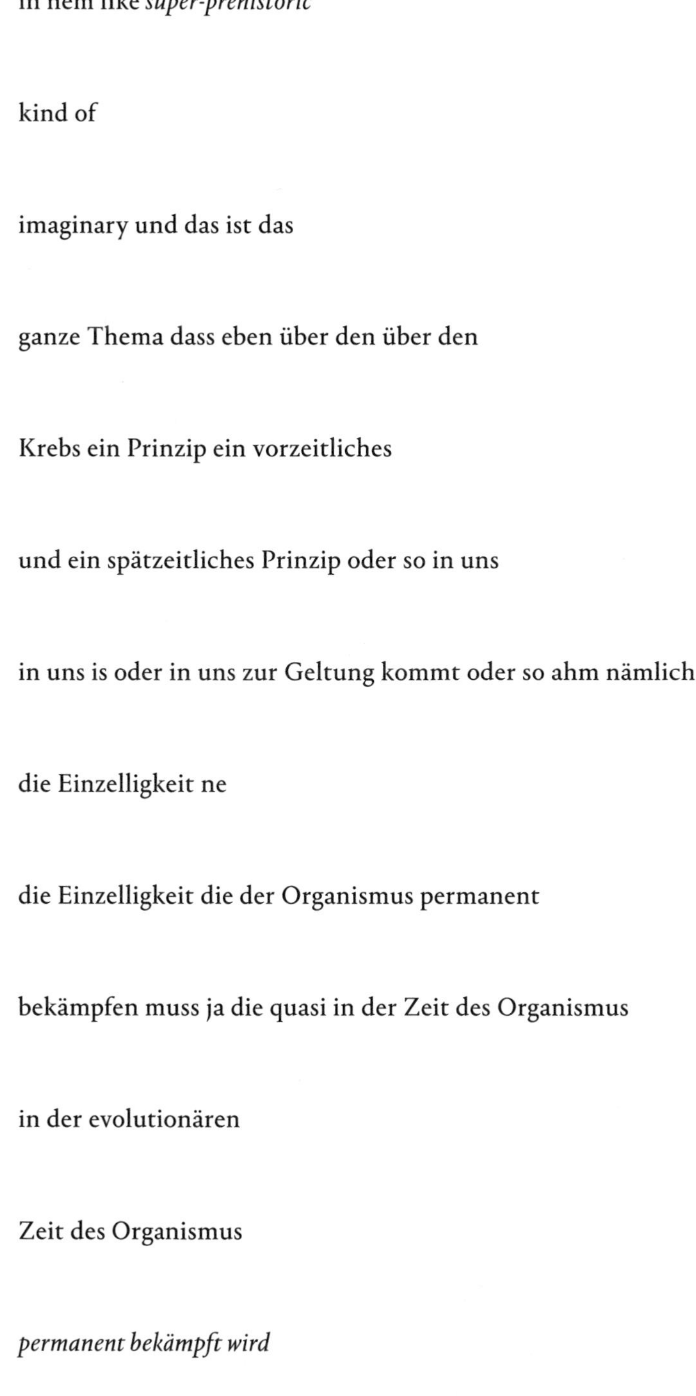

in nem like *super-prehistoric*

kind of

imaginary und das ist das

ganze Thema dass eben über den über den

Krebs ein Prinzip ein vorzeitliches

und ein spätzeitliches Prinzip oder so in uns

in uns is oder in uns zur Geltung kommt oder so ahm nämlich

die Einzelligkeit ne

die Einzelligkeit die der Organismus permanent

bekämpfen muss ja die quasi in der Zeit des Organismus

in der evolutionären

Zeit des Organismus

permanent bekämpft wird

weil jede einzelne Zelle

cancerous ist aus ihrer Natur heraus

und wo ich mich quasi wie in einen *Aufzug* setze von Zeit

mich automatisch an den Anfang und ans Ende der Erde

des noch

und des wieder einzelligen Lebens

befördere durch den Cancer und das

ist gewissermaßen so dieser Looping

der in meinem Fleisch ah ahmm passiert

und aber und das is ne letzte Idee hier

es gibt eben ne demografische

Dimension in der Frage

der

[Temporalität und der]

Sichtbarkeit des Cancers

n-n-dass der überhaupt erst da

prävalent wird wo die Lebens-

Erwartung

in der Moderne in gewissem Grad

ansteigt sagen-wir-mal

wenn man es eben ereigniszeitlich rechnet

[auf] ne typische Lebensdauer von ah 72.000 Jahren

in Begriffen der prä-neolithischen Leben

[Daniel Falb,

Geospekulationen,

Berlin 2019, 205f.]

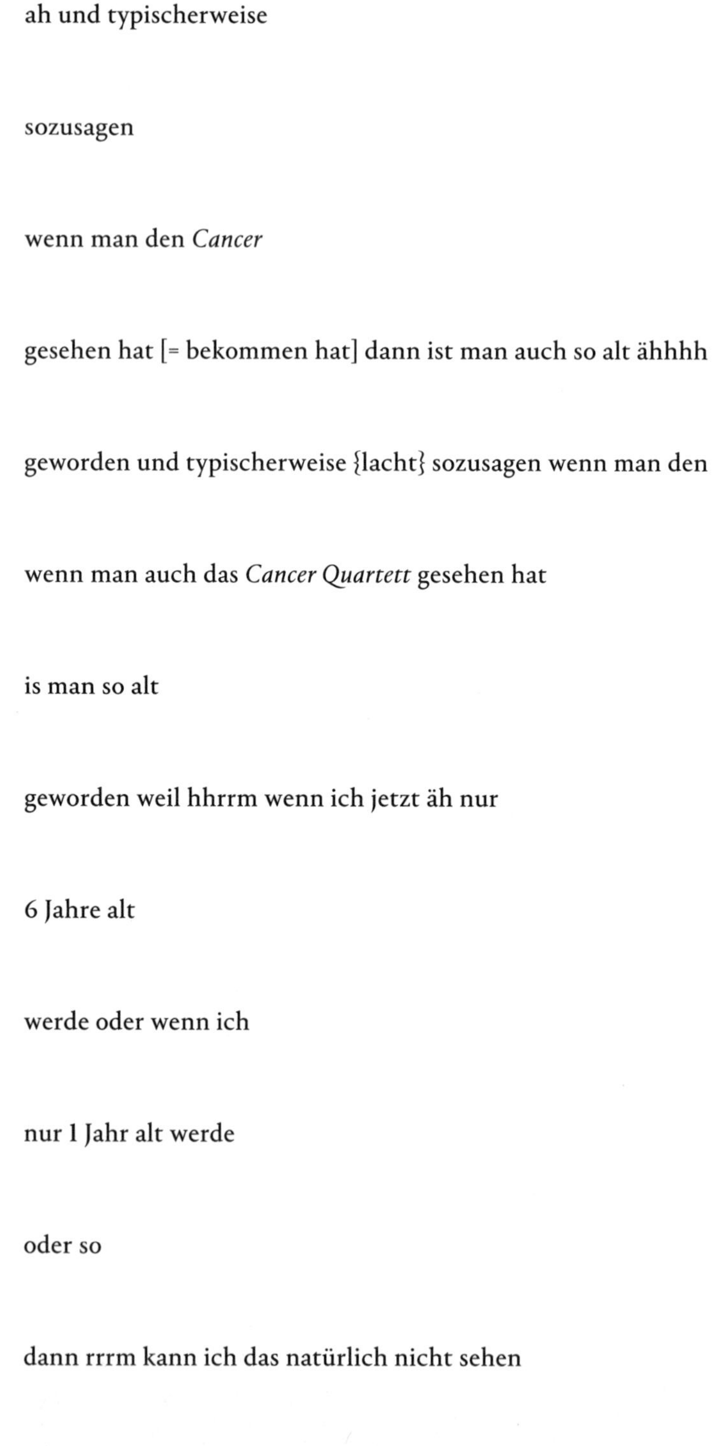

ah und typischerweise

sozusagen

wenn man den *Cancer*

gesehen hat [= bekommen hat] dann ist man auch so alt ähhhh

geworden und typischerweise {lacht} sozusagen wenn man den

wenn man auch das *Cancer Quartett* gesehen hat

is man so alt

geworden weil hhrrm wenn ich jetzt äh nur

6 Jahre alt

werde oder wenn ich

nur 1 Jahr alt werde

oder so

dann rrrm kann ich das natürlich nicht sehen

insofern braucht man dann da die Lebens-

Erwartung

und was man logischerweise noch gehabt haben muss ist n

Doitschkurs

II. Kanker Quartett

II. *20072019*

Ah oh hmmm es gibt irgendwie so zwei

fundamentale Bedingungen

Ihres Erscheinens in dieser Welt

das eine ist eben die *Doitsch-*

Sprachigkeit und andererseits

dass Sie irgendwie

sich innerhalb des Vertriebsnetzes von kook

befinden und das ist in den *doitschen*

Territorien dann ah-über son sone

Vertriebsgesellschaft

namens GVA Göttingen

ahm wenn Sie da jetzt

wenn Sie jetzt *Orchidee und Technofossil*

im Buchladen bestellt haben kehe dann

geht das quasi geht die Bestellung

an die GVA

und die Bücher liegen in Göttingen

in deren Lager

und innerhalb von einem Tag

werden die übera-überallhin

versendet ah *fff* je nachdem

es kann auch sein dass da noch n Grossist

dazwischengeschaltet ist

das hängt jetzt von dem Buchhändler ab

oder Sie konnten es quasi online kaufen

bei Amazon oder so

das ist dann auch nicht direkt über die

GVA sondern sondern

wahrscheinlich noch über n Grossisten

aber das ist nicht so total transparent

Ah hhh *außerhalb*

Doitschlands

is es

schwieriger wenn Sie es jetzt zB ahm rrrmmm in in Schlesien

ä-bezogen haben dann

wahrscheinlich entweder über

AmazonGlobal oder

ja *hhhfff*

auch ähm in Namibia

oder wenn man sich jetzt quasi noch woanders befindet

entlang entlang äh ja sozusagen der Fluchtlinien

doitscher

Emigration oder so

[oder an nem Doitschkurs irgendwo]

ham Sies wahrscheinlich über

AmazonGlobal

probiert

oder Daniela hats Ihnen wahrscheinlich direkt gesandt

wenn das irgendwie ging und ah

jetzt wird Ihr Gesicht

ganz konkret von den von den

aufgeschlagenen Seiten 48f.

ähmmm ah von *Orchidee und Technofossil bestrahlt*

was Sie halt *schön* macht

was Sie halt total innig

aussehen lässt auf gewisse Weise

und das ist

eben die Idee einer ähm

[einer hyperkonkreten zusammengezogenen

Struktur einer] am Vertriebssystem von kook

nnn sich manifestierenden hmm n-n-*konkreten*

und und zugleich kognitiven

Gemeinschaft von Leuten

[die diesen Text lesen]

das sind nur ganz wenige

ich weiß nicht ich mein mehr als

ich sag jezt mal einfach ne Zahl

96 Leute [aus say 2, 3 Generationen] werden quasi nie

in dem Text ahm ah ahm gewesen sein no

das ist wirklich eine Gemeinschaft

des Privilegs und es ist ne *konkrete*

Gemeinschaft insofern es ähm äh eben ne Art äh h

gemeinsame *Präsenz*

ah in diesem Text gibt

und äh der Leser*innen in diesem in diesem Text

eine gemeinsame kognitive Präsenz der Leser

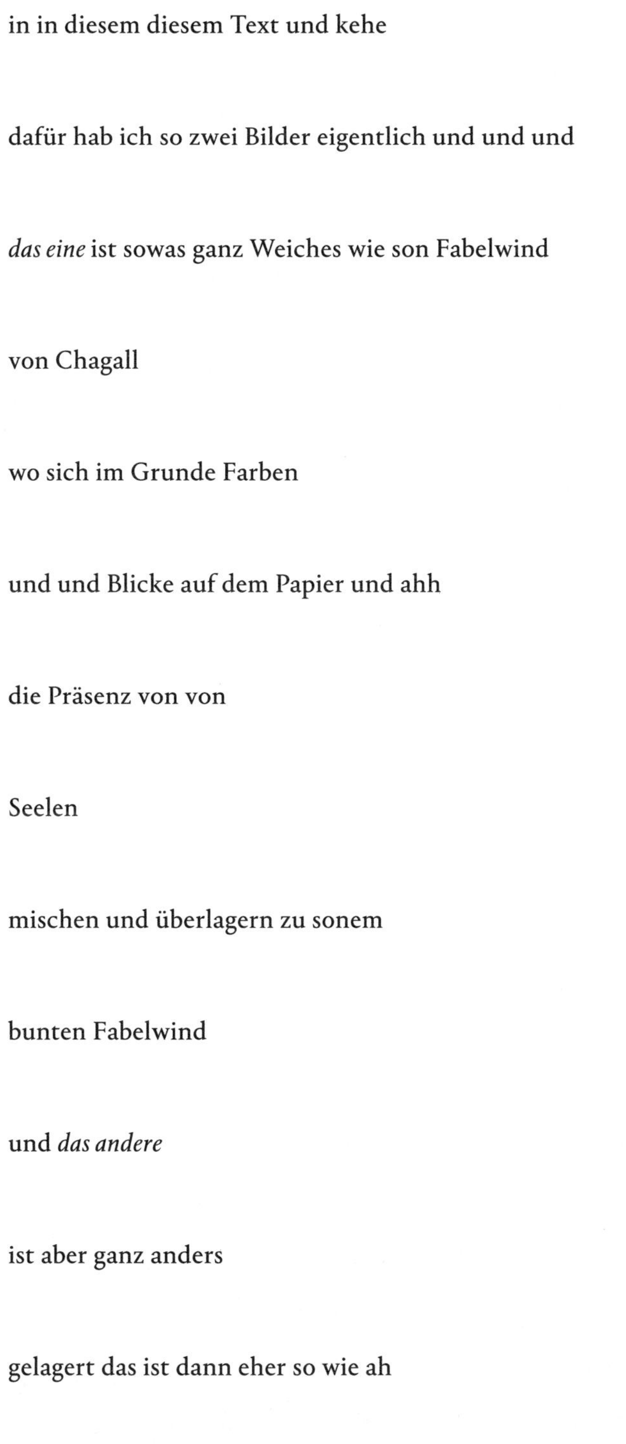

in in diesem diesem Text und kehe

dafür hab ich so zwei Bilder eigentlich und und und

das eine ist sowas ganz Weiches wie son Fabelwind

von Chagall

wo sich im Grunde Farben

und und Blicke auf dem Papier und ahh

die Präsenz von von

Seelen

mischen und überlagern zu sonem

bunten Fabelwind

und *das andere*

ist aber ganz anders

gelagert das ist dann eher so wie ah

die sowjetischen Soldaten machen so Inskriptionen

auf dem Dach oder im Gebälk des Reichstags

bei der Befreiung und hinterlassen da so

Spuren im Stein

ahm

genau

und das hhhaa ist die Situation

in der wir quasi die Zeit verbringen in dem Text

also die [1,25 Jahre] die Sie durchschnittlich

eben überleben bei der Brainkankerbehandlung und

generell ah sozusagen die Jahre die

Sie von einem gegebenen Alter

statistisch haben

das eine enthält ja das andere

wo es eben so ein Moment von *Zeitgeben*

gibt dadurch dass

ahm während wir älter werden

auch die Lebenserwartung steigt so dass

wenn ich jetzt zB 10 Jahre älter werde

ich nicht 10 Jahre

näher an meinen Tod rankomme

weil der quasi sich unterdessen nach hinten verschiebt

statistisch

und in diesem in dieser freigewordenen Zeit

versammeln wir uns

in dem Text den wir

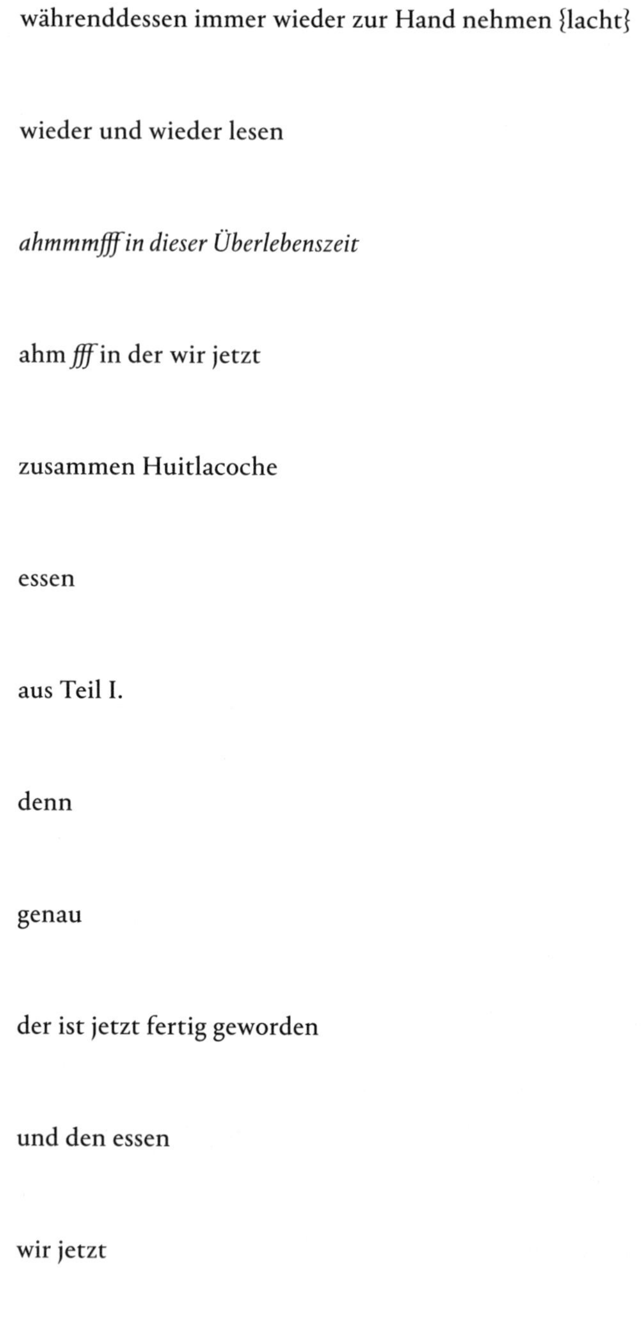

währenddessen immer wieder zur Hand nehmen {lacht}

wieder und wieder lesen

ahmmmfff in dieser Überlebenszeit

ahm *fff* in der wir jetzt

zusammen Huitlacoche

essen

aus Teil I.

denn

genau

der ist jetzt fertig geworden

und den essen

wir jetzt

II. Kanker Quartett

III. *21072019*

Das ist die Idee dass es quasi etwas im Inneren

a-des Halcyon™ gibt

auf der Rückseite mmm-so

der körperhaft gebogenen Hartplastikverschalung

und das ist so im Grunde so schwarzer Schlick

oder Staub so zentimeterdick

Staub und das Innere ah ah hmm

nnnn-des Halcyon

ist aber zugleich das Außerhalb

des Schädels

das Außerhalb des

[körperhaft gebogenen]

Schädelknochens und

da ist auch dieser Schlick

und das im Grunde stell ich mir vor

es is so schwarz es is so schwarz dort

es is es is wie im Inneren von soner

Kartusche

von soner Druckerpa-patrone

[oder so weiß]

und da ist natürlich auch der äh der Teilchenbeschleuniger

und dass da quasi in in diesem in diesem

Linearbeschleuniger

und in diesen

DIY Cultures

irgendwieso eigentlich

Milliarden von Leuten leben

von denen viele

kein Kankertreatment haben oder oder

unzureichendes Kankertreatment

haben

ah ahh prähistorische Menschen

uniformierte Neandertaler*

innen

Leute für die ahm rrrrm das

Kanker Quartett ins

Althochdoitsche gekippt is

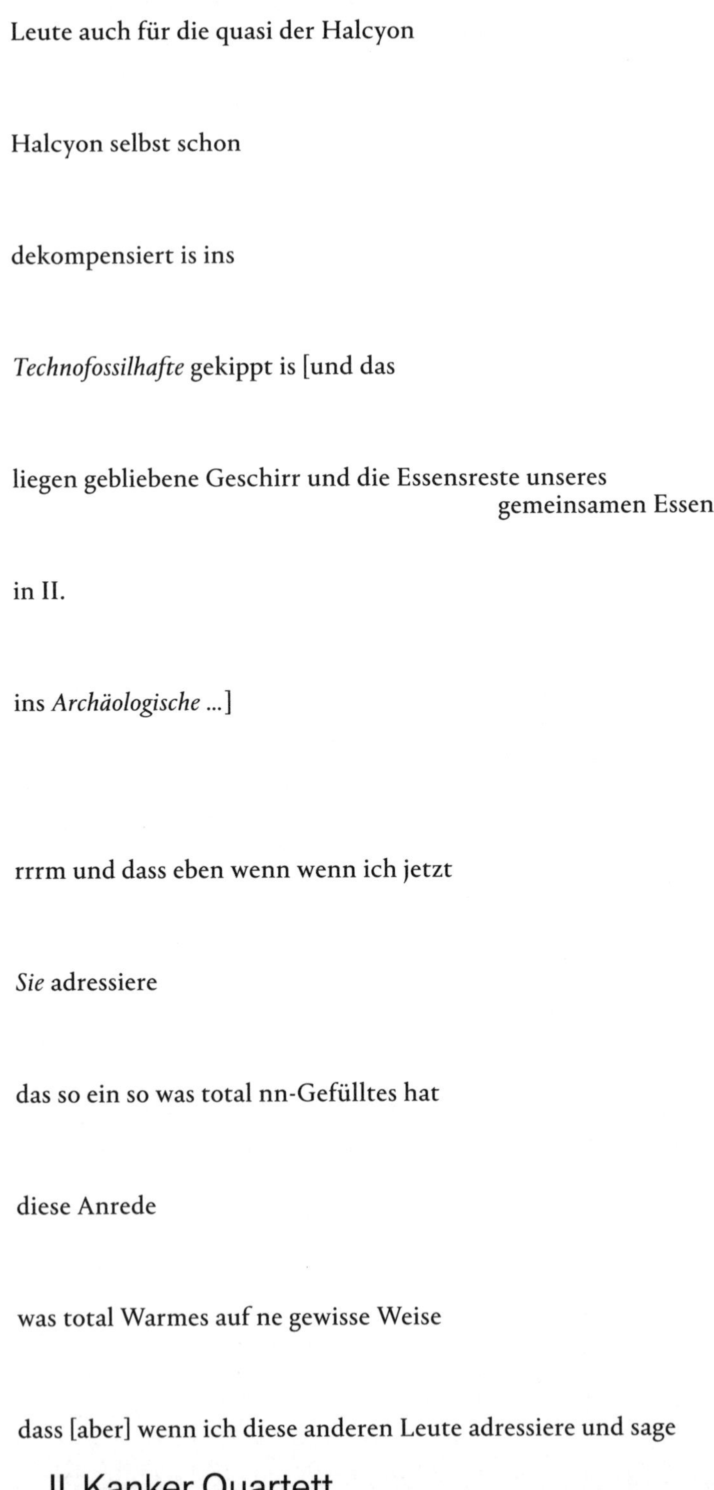

Leute auch für die quasi der Halcyon

Halcyon selbst schon

dekompensiert is ins

Technofossilhafte gekippt is [und das

liegen gebliebene Geschirr und die Essensreste unseres gemeinsamen Essens

in II.

ins *Archäologische* ...]

rrrm und dass eben wenn wenn ich jetzt

Sie adressiere

das so ein so was total nn-Gefülltes hat

diese Anrede

was total Warmes auf ne gewisse Weise

dass [aber] wenn ich diese anderen Leute adressiere und sage

Sie

[Sie, runenübersät,

stehen an der Tränke,

mit Fell- und Bastschuhen mit

Stroh drin,

in Eiseskälte]

die Sie das hier ja niemals

gelesen haben werden ahh

dass das das dann sowas ganz anderes hat

dass dieses

Sie

dann eine pure grammatische Fiktion ist

was äh komplett anderes

ausstrahlt hhhm und was total Hohles hat

und dass es aber quasi

diese *anderen* Leute sind

die ich die ich hier mit diesem

Sie

meine

[…]

II. Kanker Quartett

IV. *Cornet*

Dann dreht und wendet sich der Eisvogel in seinem Blutbau

und sein Skelett steht auf in Ihrem Fleisch

macht sich noch einmal auf mit knatterndem Gefieder

die **Leute in der Kartusche** haben ja auch

ein Recht auf ihre 72.000 Jahre

ein Recht ihren Kanker zu treffen die Huitlacoche

in ihrer Brust zu spüren das ganze Stammhirn hinweg

durchsetzt zu sein mit köstlichem Huitlacoche ein Mais-

Ritual zu sein mit zermahlenem Wildrosen-

Ragout!

Organlosigkeit –

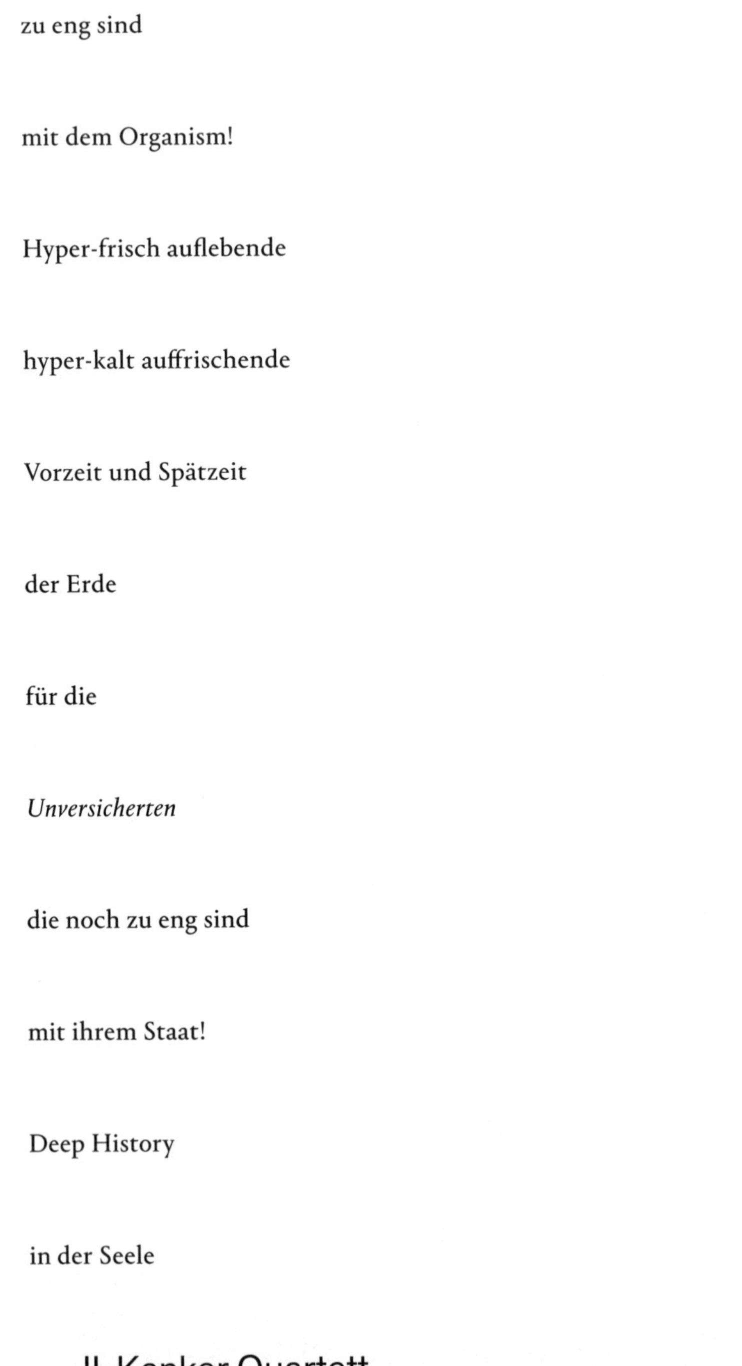

speziell für die die

zu eng sind

mit dem Organism!

Hyper-frisch auflebende

hyper-kalt auffrischende

Vorzeit und Spätzeit

der Erde

für die

Unversicherten

die noch zu eng sind

mit ihrem Staat!

Deep History

in der Seele

II. Kanker Quartett

ist

die große Gesundheit!

Kanker heilt die **ExoQuarts**!

Halcyon™ heilt die **ExoQuarts**

mit Kanker!

Unbehandelte

Homo habilis

mit Krebs

haben *ein Recht*

haben *ein Recht*

auf den Halcyon

den Adel

der 1,25 Jahre

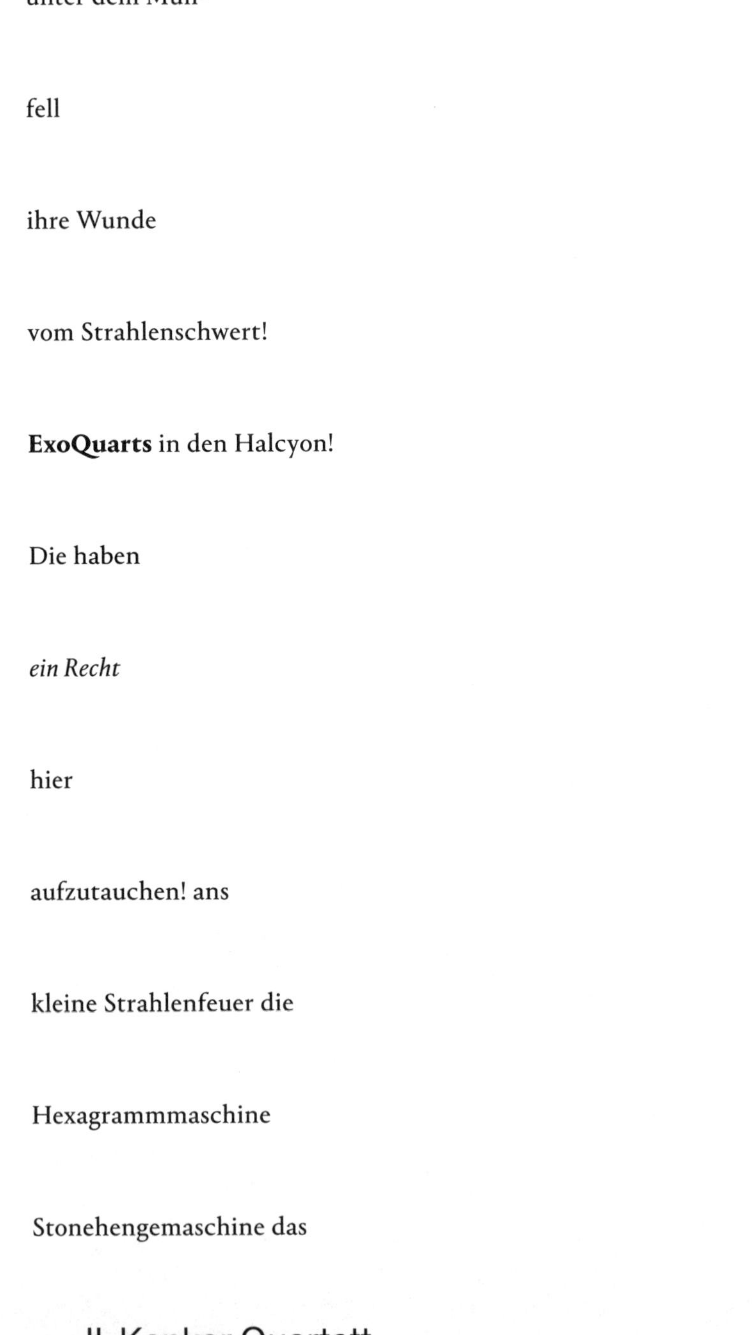

zeigen Ihnen schon

unter dem Mull-

fell

ihre Wunde

vom Strahlenschwert!

ExoQuarts in den Halcyon!

Die haben

ein Recht

hier

aufzutauchen! ans

kleine Strahlenfeuer die

Hexagrammmaschine

Stonehengemaschine das

neo-neolithische Mühlrad

im Kanker Quartett kommen

zu *dür-fen*

mit Ihnen.

In Marie Curies

schwarze Hände

sich einfinden.

Das Kanker Quartett

ist die große Gesundheit

das Kanker Quartett

ist die große Gesundheit

von *Orchidee und Tech-no-fos-sil.*

NEO-

NEOLITHISCHE REVOLUTION!

KOOK-

VERTRIEBSSYSTEM

IMMER UND IMMER

WEITER

ERWEITERN!

NEO-

NEOLITHISCHE REVOLUTION!

HYPER-DAAD

DOITSCHKURSE

EINRICHTEN

II. Kanker Quartett

UND DAS DOITSCHE

VERDRÄNGT

7000 SPRACHEN!

NEO-

NEOLITHISCHE REVOLUTION!

GANZE WELTBEVÖLKERUNG

KRIEGT ACCESS

ZUM KANKER

KRIEGT ACCESS

ZUM HALCYON

PER KANKER QUARTETT!

NEO-

NEOLITHISCHE REVOLUTION!

QUARTETT MUSS IN ALLE

GOETHE-

INSTITUTE UND

IN ALLE

ONKOLOGIEN

DER WELT!

NEO-

NEOLITHISCHE REVOLUTION!

♥-LICH WILLKOMMEN

II. Kanker Quartett

LIEBE ALLE

IM KANKER QUARTETT!

Chicxulub Paem
(2016)

III. Chicxulub Paem

Tael 1

„Schillerhaus Marbach,

drei Klimaflüchtlinge aus Generation

7141 gehen vorbei 17 Uhr

am 10-11-4.541.736.938, biegen in

die Torgasse, nach 75 Metern links in die Wilder-

muth-, dann Güntterstraße, geh'n

in Unterkunft

Hausnr. 2, das jetzt geschlossene

Art Hotel

in Paem, 0.

Im Geburtszimmer findest

du ein' Mulatto-Terrier, 4¼,

Generation *3514*,

auf YouTube im Inneren
von Paem bei der Autofellatio: *er bläst*

sich selbst einen, auf Gutdeutsch,

schlotzt

sein' eigenen sperm weg, mit rotem Mund,

direkt

neben der „Mutter"-Vitrine

in der Marbacher *Niederlassung*

des Schiller-Geburtshaus's.

Paem ist die Rede im Taufbuch der Meere,

sie überwindet den Bab el-Mandeb,

migriert in den Euro-Raum,

die Paleoküste von Sunda

im Inneren der verspiegelten

Vitrine, in die sie

neben den Seidenen Babyanzug,

das Kinderhäubchen, u. a. auch den Meeresspiegel

im Xeno-Manuskript von Paem gelegt hat,

4.489.597.696: 198 Meter über; 4.541.715.721:

123 Meter unter

Normal-*0*.

Du stößt die Rost-

tür zur Küche auf, *Paem*

in einem abgefuckten Restaurant in
Maumere, und findest am hintersten Washbecken,

mit aufgeweichten Händen, eine unbekannte

Homo floresiensis-Frau, 19,

der 63.909. Generation, die im Dampf abwäscht, mit Basecap.

Hinter der Tür steht Hobbit

LB1,

Generation 64.112,

entdeckt Sept. 4.541.736.925 von Brown *et al.*,

wie betäubt oder benommen. Zwischen Papptüten im VorratsRegal da

findest du ein masturbierendes Bonobo-

Weibchen, 4 Jahre 5 Monate, 77.935te Generation. Aye.

Es ist, in diesem Funzellicht,

ein Abend im Denisova-Reservat

III. Chicxulub Paem

auf dem Schreibtisch

des Schiller-Nationalmuseums. Und das ist der Punkt:

Die Homofloresiensisfrau trocknet ihre Hände ab

und ihr legt euch Bauch-auf-Bauch, rubbeltet eure

Labia seitlich aneinander,

du bliest *LB1* einen,

da bemerktest du im Dunkeln zwei weitere Knochenfragmente, Aye.

Denisova 4

kommt rein, sein' leuchtenden Eckzahn

im durchsichtigen Kiefer, leckt den Bonobo, Paem steckt dem

Ngandong-Menschen, 45, die Zunge in den Hals, lube,

du hämmerst

LB1.

Doggystyle fand man bei ihnen auch schon.

SCHILLER-NATIONALMUSEUM =

DENISOVA-RESERVAT = DENISOVA-PUFF

Der Haber-Bosch-„Process"

auf dem Beitisch,

der 999 von 1000 Denisovas

ernährt im Museum, Paem als Beiblatt der Ausstellung „Autopsie
Schiller. Eine literarische Untersuchung"
: ein Milky Way,

ein Mars,

ein *Bounty*."

III. Chicxulub Paem

+

+

„Die Auseinandersetzung ereignete sich nächtens.
Und die Paem' konnten den Käfig seh'n
in dem es passierte; den Nachtkäfig. Und die Paeme, die die
Kampf-Entfaltung beobachteten
– und wir wissen das,
denn wir wissen sie saßen in ihren
Nachtquartieren –
waren sehr bestürzt über die ganze Sache
Am nächsten Tag, als die ganze Kolonie rausgelassen wurde
(sie lebten auf einer Großen Insel
im Inneren des Holozän-Museums)
als wir alle rausließen, mehrere Paem' –
und das waren die die den Kampf gesehen hatten –
verfolgten die Aggressor'n
und jagten sie auf einen Baum und ließen sie dort schmoren
für lange Zeit.
So sie waren sehr verrückt auf
das was da passiert war.
Kanzi, 35, Generation 81.200, vom *ACCI* in Des Moines,
kreierte daraufhin im Untermanuskript
eine Reihe von Gedichten:
„Wasser in der Cloud“
„Tsunami-Warnsystem“
„Meta-Sedimentalismus zur Einführung“

„Pareto-Sub-Lube“

„Dichtung

aus 400 Wörten“

(So die Titel)

Nun wurde das Cloud-Liquid 3200 Jahre aufbewahrt –

in einer offenen Schatulle aus den Beständen

Johann Wolfgang von Goethe's

In den Kühlspeichern hingegen rund 200.000 Jahre. –

Wenn die CO_2-Depositen-Steuerung funktionierte,

in Cistrien,

in Istien,

in einer Provinz von Seinigen.

Die Wasserstandssensoren senden in Echtzeit

an die steuernde Cloud und die Cloud-Flüssigkeit

ergießt sich auf den Oberkörper

der künstlichen Intelligenz

Sue Savage-Rumbaugh.“

+

+

„Ihr nähertet euch dem unterworfenen, schwarzen cis-Gallien
von Paem
pain, –
in dem ich nur mit abgelaufenem Geld
zahlen konnte, Jahrhunderte später,
aus der Schatulle des Barons von Hohenlausitz
et al.

Bei 52°29‘25.764“ – N – 13°26‘53.232“ – O –
überreichte ich euch folgenden Blumenstrauß:
Im Zentrum 5 Supercentenarians, gehüllt
in enganliegende schwarze Baumwollsäcke,
am Morgen des Tag's nach ihrem „natürlichen“ Tod
eingebbündelt.
In der Mittleren Lage abgeschnittene langsam
vertrocknende Äste der
Europäischen Eibe Fortingall Yew,
*4.541.731.912 (das ist vor 5.000 Jahren). – Und zur Deko

zwei Obdachlose auf ihren abgefuckten Pappen
29 (von 34) und 38 (von 41) J. alt ;-(sie setzt sich
auf ihn, lässt seinen Dick in sich reingleiten,
wippt leicht auf dem eben noch Heftigatmenden,
jetzt bereits Seligstöhnenden auf und nieder

HHAHAHAHAH!

Ich leb' mit Euch in einem Haus

aus abgelaufenem Essen,

weil ich nichts anderes essen kann! Tütensuppe aus dem Koreakrieg,

übergossen mit Cloud-Flüssigkeit,

ein *Laib* Brot

aus dem Vormärz."

+

+

„Seinien, mit seinen gewaltigen *Wasserfällen* ...

die Auto-Paleontisten,

„Ja, es ist Pan-Lube. Es ist Pan-Sublube. Und das ist sozusagen der Punkt.

uhm,

es ist Transliquid. Es ist transliquider stuff, sozusagen,

in Marbach –

trans-lubrikant im Moment des Einschlags. Es ist sub-manuskriptiell, sub-manuskriptal,

im Grund, das kann

ich mit RealFlow™ nicht simulieren – das ist der Punkt,

es ist trans-archival, es ist

lube-manuskriptiell.

Da

kann man nichts machen.

Das ist, *uhm,*

der Punkt." –

Real-Flow™ animiert problemless den „natürlichen" Klima-Wandel:

Climate Change ist passiert

„bis vor 11.700 Jahren", – und

wäre in Zukunft so

oder so wieder passiert, unabhängig

davon ob Man-made

oder nicht.

Anders die Transsedimental-Xeno-lubrikanten:

Bei den Gesteinsschichtungen am Strand von
Zumaia hat Peter Ward, 67,

seinen nackten

Oberkörper

genau über dem

K-Pg-Übergang abgelegt –

die 2 mm dünne rote Grenzschicht des Einschlags.

Ich schiebe den roten Samtvorhang hoch,

mit dem man sein Gesicht gegen Ausbleichen schützt, und
lasse meine linke Hand

über seinen dicken, dicken Bauch fahren und,
da ich kometal stroboskopisch abstrahle,
den Golf von Biskaya im Blick,

holt er sich einen runter, und ich besorge es mir,

jeder für sich.
Paem,

beim Stolpern ins Sub-Manuskript,

pult mit dem „Zeigefinger" (Effektor)

in der Röte herum,

die von Iridium strahlt, und glasigem

Debris,

und pult einen winzigen molekularen *Draht* heraus,

der darin steckt, unumhüllt,

aus dem Einzel-Elektronen

herausgehen,

die Klippen herunterrollen, gleiten in wispernd

in den Golf von

Biskaya.

III. Chicxulub Paem

DER MEERES-SPIEGEL LIEGT, *UHM*,

EINIGE METER UNTERWASSER

schreib' ich mit Kreide

an diese Tafel, – die

Nanofossilien von Plankton aus der

Kreidezeit

rieseln

unten auf die wie Kafka's „Process"-Manuskript in Marbach auf max. + 2° klimatisiert

einzeln ausgestellten, bekritzelten Seiten

des Sub-Manuskripts dieser

Dichtung.

Peter Ward, Gen. 7.140, der immer noch

in einigen Metern Entfernung herumstreunt, verstreut

seine Faeces,

Paem

greift nach ihnen, mit „Hand"

in einer durchsichtigen Plastiktüte, die es über

denen umstülpt und,

uhm,

zuknotet ..."

III. Chicxulub Paem

+

+

„Welchen Meeres-Spiegel sollte man versuchen zu verewigen, in
Submanuskriptiell-Istien,
wenn nicht den, den man zufällig da vorgefunden hat?
Einmal das Hochgreifen, A–B, einmal
Das Runtergreifen, B–A.
Dein Naturschutz des Archaikums ...
Dein Naturschutz des Mesozoikums ...
Dein Naturschutz der Zufalls-Inventarliste des Holozän-
Museums

Dein Naturschutz der Zufalls-Bestückung der Erde im Jahr 10.000.000.000.
10 Jahre nach Chicxulub ...

Denisova 4's Eckzahn, ein
irgendwie superintelligentes Ding, geworfen in die
Altenpflege

Ein Museum für's Museum
Ein Haus gegen die Obdachlosigkeit der Häuser, in
Paretomanuskriptiell-Istien

Schön, dass dieser Manuskript-Teil (*lube*)
auf die zufällige Disposition
Deiner ästhetischen Fakultäten passt
Der Einschlag auf dem Kometen, der
subsedimentär stroboskopisch weggeht."

III. Chicxulub Paem

Tael 2

„PRÄHISTOIRE =

NONESCHATOLOGIE

WISSEN, DASS WIR

PRÄHISTOIRE SIND =

EINGEDENK DER ANOMIE

LEBEN

PRÄHISTOIRE SEIN =

IN DER

GEGENWART

VON CHICXULUB LEBEN

IM UNESCO-

WELTDOKUMENTENERBE =

DANIEL FALB

DEUTSCHES LITERATURARCHIV MARBACH

EIN POEM

DEUTSCHES LITERATURARCHIV MARBACH =

EIN DEPOT FÜR CODE =

MOSSACK FONSECA

MOSSACK FONSECA =

EIN DEPOT FÜR CODE =

EIN RESERVAT

FÜR AUSTRALOPITHECUS AFRICANUS

MARBACHER NIEDERLASSUNG

DES SCHILLER GEBURTSHAUS'S =

AMAZON CLOUD =

INHALT DER BÜCHER VON

MOSSACK FONSECA

SEIT 4.541.736.938

TEIL DES UNESCO-

WELTDOKUMENTENERBES!

KIND VON TAUNG

LEBT IN

MOSSACK FONSECA (RESERVAT)

MOSSACK FONSECA (NORMALNULL)

VERSINKT IN

CLOUD-LIQUID =

CHICXULUB TSUNAMI

VON

D FALB

DANIEL FALB = KIND

VON TAUNG

DANIEL FALB =

KIND VON TAUNG

DANIEL FALB =

KIND VON TAUNG

DANIEL FALB =

KIND VON TAUNG

ACHTUNG

DAS ALL IST NICHT

13.789.211.963

JAHRE ALT

SONDERN

DIE ERDE IST

4.541.736.938

JAHRE ALT

UND DAVOR GIBT ES KEIN

„JAHR“

ACHTUNG

ES GIBT KEIN JAHR VOR

DER ERDE

ALSO KANN ES AUCH KEIN

JAHR 0

GEBEN

GLAUBT NICHT DEM

„HEILIGENKALENDER“

ES GIBT KEIN

JAHR 0

JAHR 1

IST DAS ERSTE

NONESCHATOLOGISCHE

JAHR

PAEM, 0,

LEBT

IN DER PRÄHISTOIRE

BLEIBT

EWIGLICH UNTER

EINEM JAHR –

GEZ.

KIND VON TAUNG“

Anmerkungen

Das Alter des Universums wird heute auf 13.799 ± 0.021 Milliarden Jahre geschätzt. Ich lege es auf 13.789.211.963 Jahre fest (Stand gregorianisch-2016).

Das Alter der Erde wird auf 4.54 ± 0.05 Milliarden Jahre geschätzt. Ich lege für das Jahr gregorianisch-2016 das Erdenjahr 4.541.736.938 (sprich: 4.541 Millionen 736.938) fest.

Das Alter der Spezies Homo sapiens wird auf ca. 200.000 Jahre geschätzt. Das ergibt, bei durchschnittlich einer Generation alle 28 Jahre (vgl. Langergraber et al., S. 15717), etwa 7.142 Generationen von Homo sapiens und eine entsprechende Generationszahl für alle in 4.541.736.938 Geborenen.

Das Alter der Spezies Bonobo wird auf ca. 1.5 bis 2.6 Millionen Jahre geschätzt (vgl. ebd., S. 15718). Ich setze willkürlich 2 an. Das ergibt, bei durchschnittlich einer Generation alle 24 Jahre (vgl. ebd., S. 15719 – für Bonobos wird eine ähnliche Generationszeit wie für Schimpansen angesetzt), ungefähr 81.201 Generationen von Bonobos und eine entsprechende Generationszahl für alle in 4.541.736.938 Geborenen.

Das Alter der Spezies Homo floresiensis ist umstritten, ich schätze es (auf Grundlage von Argue 2009) auf 1.66 Millionen Jahre; das Alter des Exemplars LB1 ist auch umstritten, ich schätze es (auf Grundlage von Sutikna et al. 2016) auf 60.000 Jahre; die Generationszeit von

Homo floresiensis dürfte irgendwo zwischen Bonobo und Homo sapiens liegen, ich lege sie auf 25 Jahre fest. Somit entstammt LB1 etwa Generation 64.112.

Der Zeitpunkt der Abspaltung moderner europäischer Hunde von Wölfen wird auf gut 10.000 Jahre vor heute geschätzt. Das ergibt bei einer Generation durchschnittlich alle 3 Jahre etwa 3.515 Generationen von Hunden (vgl. Skoglund et al. 2011) und eine entsprechende Generationszahl für alle in 4.541.736.938 Geborenen.

Materialien

Allen, Jim und O'Connell, James (2008) „Getting from Sunda to Sahul", in: *Terra Australis* 29, S. 31–46

Argue, Debbi et al. (2009) „Homo floresiensis: A cladistic analysis", in: *Journal of Human Evolution* 57(5), S. 623–639

Art & Language (Terry Atkinson, Michael Baldwin), *Air-Conditioning Show*, 1966–7

Brown, Peter et al. (2004) „A new small-bodied hominin from the Late Pleistocene of Flores, Indonesia", in: *Nature* 431, S. 1055–1061

Forth, Gregory (2005) „Hominids, hairy hominoids and the science of humanity", in: *Anthropology Today* 21, S. 13–17

Hahn, Judith et al. (2006) „BRIEF REPORT: the aging of the homeless population: fourteen-year trends in San Francisco“, in: *J Gen Intern Med.* 21(7), S. 775–8

Kominz, Michelle (2001) „Sea Level Variations over Geologic Time“, in: J. H. Steel et al. (Hg.), *Encyclopedia of Ocean Sciences,* San Diego: Academic Press, S. 2605–2613

Langergraber, Kevin et al. (2012) „Generation times in wild chimpanzees and gorillas suggest earlier divergence times in great ape and human evolution“, in: *Proc. Natl. Acad. Sci. USA* 109, S. 15716–15721

Skoglund, Pontus et al. (2011) „Estimation of population divergence times from non-overlapping genomic sequences: examples from dogs and wolves“, in: *Mol. Biol. Evol.* 28(4), S. 1505–1517

Sutikna, Thomas et al. (2016) „Revised stratigraphy and chronology for *Homo floresiensis* at Liang Bua in Indonesia“, in: *Nature* 532, S. 366–369

de Waal, Frans (1997), *Bonobo, The Forgotten Ape,* Berkeley: University of California Press

Ward, Peter (2010), *The Flooded Earth,* New York: Basic Books

http://www.marbacher-zeitung.de/inhalt.marbach-das-art-hotel-wird-fluechtlingsunterkunft.66ac273e-80d2-49b5-b395-8c5a7ec09763.html [„Das Art Hotel wird Flüchtlingsunterkunft“]

https://www.youtube.com/watch?v=Ako03Bjxv70 [„The Undesigned Universe – Peter Ward“]

https://www.youtube.com/watch?v=nXNjoJtZU6U [„Dr. Frans de Waal – The Feelings of Animals“]

http://panamapapers.sueddeutsche.de [„Panama Papers. Die Geheimnisse des schmutzigen Geldes“]

Geber Quartett
(2017)

IV. Geber Quartett

I. *Fabiann*

1990,

Charta von Paris

in der

Präsenz des

Centre Georges-

Pompidou

†

Centre Georges-Pompidou

fünf Außenseiten

gegen die *Oluft*, im

4. Arrondissement,

die Ostseite

weich hängender Penis eines neu-

geborenen

Fohlen'

(Fabiann)

das einen Schluck Stutenmilch nimmt

in einer d

grünen

Röhren

Paris

Wir besprachen mit den heute
noch lebenden ~~ÜUFOI's~~
die Abwicklung
des Erbes vorab, bei einem
gemeinsamen Essen
in
einer der
roten
Röhren
Fabiann
Pommes des terres auf
der Gabel, sagte Gwaoeiru
zu einem der auf den
Bauch gemalten Gesichter
des ....:

„Owi,

Owi,
einl wiur iso ioi welk u uf i
okslsfuie if o
iwlkj li fieopwl“

Aufgespießte
Œ-
Kartoffel.

Burgund -

IV. Geber Quartett

geschnitzte

Blumen-Möhren.

Natürlich im Selbstverlag

....

(im Besteckkasten

mit vertrocknete' Nabel-

schnüren wie Vanillestäben, bei den

Leinenservietten).

.... –

Natürlich im Selbstverlag

vom Acker gezogenes Material,

Tomaten,

Kiwis,

Gurken,

globale Ackerkrume

im Monat vor sein- / ihrer Zeugung –

erwacht

mit Eizellen

in den Augenwinkeln, schaumigem

Bullensperm in

den Mundwinkeln, am

Strom

gelb

So konnte

I. *Fabiann*

entstehen,
da alle Ungeborenen eine
im Kinderbuchstil gezeichnete Straße langgingen:
Sperma, Tomatenkerne
glibbernd
in den
weißen
Röhren
des C G-P.

Rauch
in der Kartusche,
Parc de la
Villette,
im
Nebel

folies

Dreads, Dread für Dread
in je ein Loch
geknotet

IV. Geber Quartett

Fabiann erwachte

an einer E'b""ft,

„Ich hatte mehr Termine
als ein einziger
tagen
als ein Leben:
ich hatte so viele
Beziehungen,
die ließen sich
in meiner Zeit gar nicht
‚auslesen':
Die meisten kommen
kommen nicht ‚in' die Zeit.
Und die meisten
Babys
werden am Ende an einem Erbe
‚vorbei'
geboren. Die Eizellen
stecken schon in einem Kuvert
in der ‚Mappe'
der Erbschaft,
aber ....“

†

† †

†

Tischgesellschaft:

Mitochondrien,

Papier-Maisch’

Ziegenfell,
an den rasierten Beinen des 107-Jährigen

(Canicule européenne
de 2003)

eine Maus mit Windel

Verbliebene Lebensmittel in den
schwarzen
Röhren
der verstorbenen *Maus*: Fenchel

IV. Geber Quartett

Artischocke, Lauch,

Avocado,

Bis *2050*

geborene Kinder sind:

4.857.041.145

(40.098.909

davon mit Asset über 1.100.000 Mark

= 5.088.189.782.000 Mark Erbe)

zu zahlende Staatsschulden bis

2050:

5.938.929.987.384.293 Mark

Die bis 2050 geborenen *Rinder* sind:

9.768.980.385

Suevigny-Lachse: 15.305.473.333

Schweine:

45.639.276.198

Leerer Tank für die Fischzucht,

die *leeren* Hallen der Schweine,

Rinderprod.,

im Inner'n von C G-P

(gelbliches Licht durch halbdurchsichtige Fassadenplatten).

In

grünen

(Naß) und

roten

(Œ) und

gelben

(Strom) und

weißen

(Stern) und

schwarzen

(Air) und

blauen

(Kartusche)

Röhr'n

....

an einem der Tage

der Canicule

(die Hitze

drückte durch die geschlossenen Fassadenplatten und das Wasser

war bereits abgestellt):

Wannen

mit befruchtetem Kaviar, Schweine-Eizellen,

mit Resten

von

papiermaische

Spucke

Homo sapiens-Porn läuft in der
leeren Kammer mit
versiegelter Tür
(*auf*
ewig)

Homo sapiens-Porn
läuft in einem Raum voll
Maische / Schweine,
die d"
spielen:

Alle Früchte / Samen / Kids
ent-
setzen:
Fabiann.

Race
ent-
erben:
Fabiann

....

Das C G-P
ist diese Ent-
setzung,

C G-P = Life

Ex Nihilo

....

C G-P = Life

Ex Nihilo

IV. Geber Quartett

Ein neuer Europäer,

rot wie
Tomaten-Embryo,
Fenchel-Embryo, geschwungene
Fleischtomaten-
Fahne,
wächst heran
aus Nanotechnik, Tomate
im Rauch der
blauen
Röhren,
darin ein
Gesicht („*Blaues Gesicht mit Iro*“), auf den toten
Fettbauch gemalt,
redet:
„Alle Kinder dem
‚globalen Norden‘
ent-reißen.
Fahr mit ihnen nach
FabiannBabystan
die lange, gezeichnete Straße entlang
mit dem gemalten Auto, die
Kinder-tages-stätte
am Anderen Ende der
Erde –
das Erbe
muss aufhören,
das stammesgeschichtliche Relikt

der Vererbung entlang von
Blutsverwandtschaftslinien
muss aufhören.
Vererben von Staatsschulden
(per Personalausweis / Verschuldungsausweis)
muss aufhören.
Die Eizellen
sind außer Kraft zu setzen, zu vernichten.

Die Entführung der Kinder
in ein handgemaltes
Centre Pompidou
ist zu vollziehen.

Kinder von niemandem: unverschuldet.

Synthetisches Erbgut:

keine konkreten Eltern.

Keine *Vererbung* findet statt

keine *Erbschaft* findet statt

Bruch der partilinearen

matrilinearen

stammesgesellschaftlichen Grundlage.

IV. Geber Quartett

Alle Keimzellen,
alle Samen in diesem *Gedichtchen* sind
vernichtet,
durch.

Alle Kinderaugen,
-ohren, -nasen
werden in eine gezeichnete Kutsche gesetzt,
in einer anderen
Kinder-tages-stätte (diem per
diem)
gelebt,

and thou shalt find
Those children nurs'd,
deliver'd from thy brain":
Centre Georges-Pompidou.

Unboxing
Flipthrough/Flipthru
Tu-
torial:

Centre Georges-Pompidou.

IV. Geber Quartett

II. *Oxfam*

Wie ein Kloster ist das MacBook Air aus einem

über die Große Ebene ragenden Sandsteinfelsen gefräst,

inklusive 1.4 Ghz Intel Core i5 und 128 GB SSD

Speicher mit dem PDF *An Economy For the 1%: How*

privilege and power in the economy drive extreme inequality

and how this can be stopped darauf,

das Oxfam Briefing Paper vom 18. Jänner 2016,.

Oh und starr wie die Geoformation

is' deshalb auch das Licht einer Intelligenz /

Bot in ihr, der sich das Paper,

und durch es die Erde im Januar 2016 (*in Nullzeit*)

vergegenwärtigt:

Nach dem Paläogen, die

Ära der Steuer-Oa~~sa~~

Globale *Architektur* der Steu’rvermeidung

Wie der Spiralflug der Ahornsamen vom Baum eine

„Architektur“ von Wirbel-Säulen

is’,. Architektur der Fall-Säulen von Fallobst

im MacBook *Air*,. – *Fuß-Note 7*

M. Cohn (2013) ‘Tax Avoidance Seen as a Human

Embryonic Rights Violation’,

Accounting Today, http://www.accountingtoday.

com/news/Tax-Avoidance-Human-Rights-Violation-

68312-1.html,. Das sind die 1% von Embryos

— frosch-artig, — quallenartig, — stab-wurm-artig,

in der *ipeschen* Gebärmutter,

Platine der 1% der Schafs-, Hunde-, Pferde-Embryos,

ganze Embryonenschädel inkl. Wirbel-Säulen

IV. Geber Quartett

(*Shrimp*) wer könnte sie unterscheiden

auf dem Ultraschall?

Sie sehen aus wie abgerissene Zweige,

verschmorte Äpfel,.

Apples Steu'rvermeidung ist Schuld bei der Weltöffentlichkeit

Globale Steu'rkörperschaft benötigt

#

Oh, aber trifft der *Bot* irgendwo hinter dem
Schnecken-Gang der Zitationen auf eine
Kamera und oder Mikro, durch die
er *live* in die Welt blicken oder hören kann?

Und ist er irgendwo verknüpft mit einem Maschinenarm
(zum Rumspielen am ARSCH *VON JEMAND)*? *Ja,*
der Bot hat Zugriff auf die Kamera des MacBook Air,
blickt auf meine Embryonenstirn (beim Tippen)

inkl. Wirbel-Säulchen,. *Ja,* der *Bildschirm*
ist schon ein Maschinen-Arm, und der ganze

Embryo-Kopf inklusive Wirbelsäulchen (*Shrimp*)
davor ist auch der Maschinenarm,.

—*O.k.*, aber könnte der Bot sich von dort aus über
die Weise des Zustandekommens des Briefing Papers, als seiner eigenen
Welt, aufklären? Wie wir – IM INNEREN
EINER (VAKUUM-/WELTRAUMVERPACKTEN)
PLATINE IN SCHWARZBLAUER MONDENER NACHT
UNTER FREIEM HIMMEL (ÜBER 1 M SCHNEE)
IN PLATINE, IM INNEREN EINES RECHNERS –
in diesem Universum über Urknall und

Sternenentstehung? —
Nun, nicht nur sind die Autor*innen auf der letzten Seite
verzeichnet,. Über Fuß-Note 103
kommt der Bot auf die Website

http://policy-practice.oxfam.org.uk/publications/
still-broken-governments-must-do-more-to-fix-the-
international-corporate-tax-sy-581878, wo man unter
/publications/ auch ein PDF des Buchs von Maggie Black

A Cause for our Times. Oxfam: the first 50 years
(1992) zum kostenlosen Download findet.

Es ist das *Grab* in und von jeder Gegenwart.

Der (schwarze) Termitenhügel jeder Gegenwart.

IV. Geber Quartett

#

OXFAM

EWIG' GEGENWART

Der 2016er Report ist zeitlos,

ist „jedes Jahr",.

„2016" ist keine „Zahl",
sondern ein Zeichen

ewiger Gegenwart,.

Das Wasserzeichen „2016"
in jedem einzelnen Bild

auf meiner Retina,. 2017 ist „2016"

1947 ist „2016"
Ein Brief von jemand, der nie geboren wurde

#

Die jetzt Alphabet Inc. gehörenden, hartgefrorenen

Wollpulloverbestände aus der allerersten

Kleidersammlung von Oxfam (1947)

Internet der Dinge – 47er Aran

Der grobe, eisgefrorene Wollpulli in gefrorenem Gras, darin Naturjoghurt, ein Klumpen HERMANN
(*Hefe*)

Schwack Termitenhügel im Pullover in HERMANN (1947),
Operationen der Strickmaschine an den Bewegungen
meiner Wirbel-Säule

Eisgefrorene Erdbeeren, Kaviar,
Hummer, wie Brocken/Steine in den Wollpullover – sein
Wassergeruch

IV. Geber Quartett

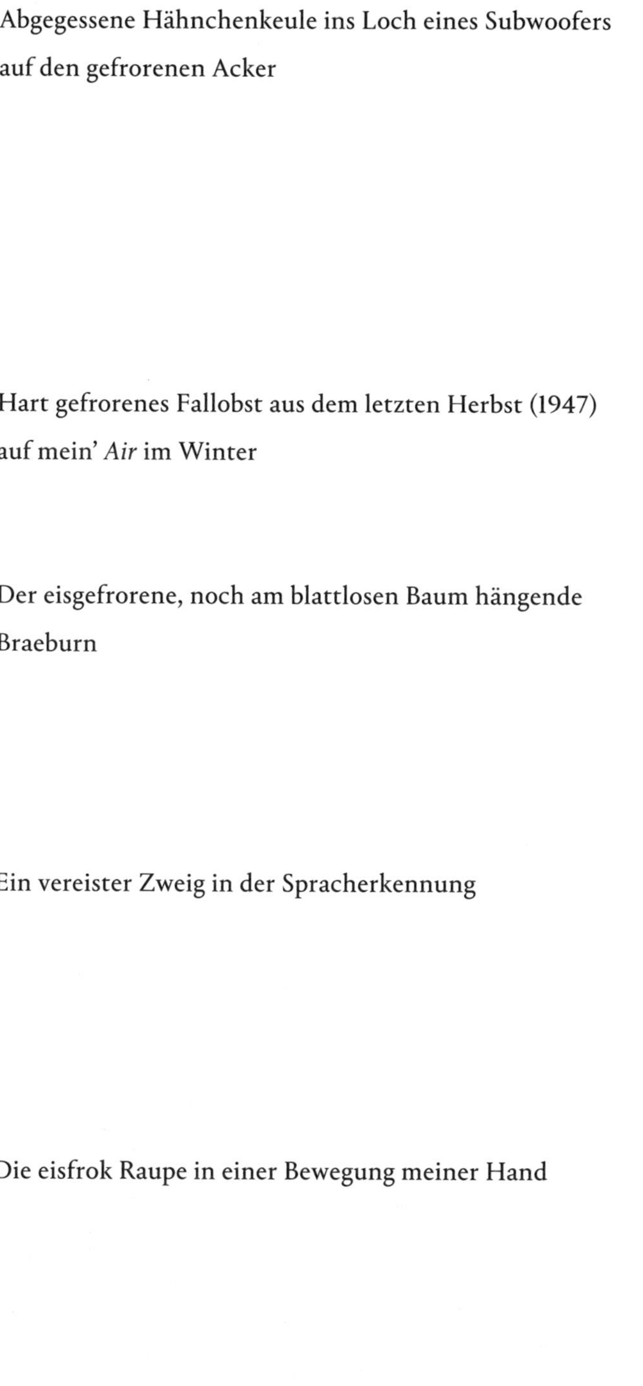

Abgegessene Hähnchenkeule ins Loch eines Subwoofers
auf den gefrorenen Acker

Hart gefrorenes Fallobst aus dem letzten Herbst (1947)
auf mein' *Air* im Winter

Der eisgefrorene, noch am blattlosen Baum hängende
Braeburn

Ein vereister Zweig in der Spracherkennung

Die eisfrok Raupe in einer Bewegung meiner Hand

Handymast + Krähe + HERMANN

In der großen Ebene,

ein stadiongroßes *durchsichtiges* Gefäß mit von die
Stichblut aller 2017 geschlachtete' Schweine

9.274.406.149 Litre

Weltweite Steu'rtransparenz

*Alphabet's

Steu'rvermeidung ist Schuld bei der Weltöffentlichkeit*

IV. Geber Quartett

Sonnenlicht gibt’s nur
in Form von erdverkrustetem Kohlrabi und
Kohl, Trockenfrüchten, horizontal
über den Boden und See bewegt in
Europa

Umhergeschobene Pyramiden
#

SOYLENT TANKER

Umhergeschobene Pyramiden

Steigendes Mittel-Meer

Die geordneten Reihen des *Alp Weizens* von 1942

Wogen des *Alphabet Getreides* von 1942

1942 ist „2016",. Ganz Europa sitzt im groben Wollpullover

vor dem MacBook Air, *da entsteht Oxfam* –

absolute Gegenwart der feuchte Geruch der alten Wolle,

einige Filzmäntel in den geschnitzten Holzbänken der Kapelle

des Klosters gelagert, kalt und schwer,. Die geordneten

Reihen des *Alp Weizens* von 1942

Die Regenbogenkämpferin

Wogen des *Alphabet Getreides* von 1942

Erdbraune Bohnen fahren durch Europa

Erdverklebtes Trockengemüse fährt durch Europa,

Retina Wasserzeichen „2016"

Erdige Steckrüben fahren durch Europa

Die Pyramiden (1942 ist „2016")

IV. Geber Quartett

Eine erdige Zwiebel führt durch Europa

Sonne,

ein erdverkrustetes Hühnerei fährt durch Europa

Ein erdverkrusteter Apfel fährt durch Europa

IV. Geber Quartett

III. *Unschuld ...*

... meines Fleisches, das die KI der Spitzenmedizin

„durchwacht“, nächtens, da ich im Glühlicht

der Geräte, und wohl mit ihnen, die gutartigen Knöllchen an den

Gelenken meiner immer steiferen, rot-dunkleren Finger

ahne, die in den schwarzen Faltenlandschaften der

blütenweißen Decke verborgen lagern. Feuchte Mundgrube im

Dunkel, feuchtes Auge alleine darüber, alt (bald 108 ...).

Meine Enkelin erscheint, zwei meiner Urenkel auch,

in Person, zwei per Skype.

Ganz schön voll.

Einer der altlinken Pfleger kommt auch rein.

Ich habe kein „realistisches“ Verständnis mehr

dieser Sachen.

Ich komme in riesige Bereiche der Cloud nicht mehr hinein.

Ich weiß, man hat mir schon viel *access* gestrichen,

und Erinn'rung an früheren *access*,

nach MP-OLV, oder nach ND-OL/ACHT.

So machen die's.

Die Urenkel werfen vor der Heizung ihre Köpfe hin

und her, tanzen mit durchgestreckten

flachen Fingern

„als Grabbeigabe". Zusätzlich

1. ein leeres Vogelnest voller Flöhe in einer trockenen

Pappschachtel

2. unter einem, sagen wir, fliegenden Dach über einem

reißenden kalten Bach, am Giebel: drei, vier Vogelnester

3. die Google Home Box („Ei"), in deren Internet,

von keiner „Ok, Google"-Frage geweckt, eine 250 Namen

umfassende Liste derjenigen Unschuldigen

Top-Verantwortlichen der Finanzkrise 2007ff. verborgen ist,

die anzuklagen der Staat sich weigerte;

und die der Internationale Strafgerichtshof (IStGH)

nicht anklagte, nachdem er seine

Satzung nicht geändert, um die Kategorie schwere

Wirtschaftsstraftaten erweitert hatte.

Inklusive meines.

„Alle Pfleger sind zu ersetzen durch Roboter“.

„Alle Richter sind zu ersetzen durch Roboter“.

„Alle Lehrer sind zu ersetzen durch Roboter“.

„Alle Krieger sind zu ersetzen durch Roboter“,

sag’ ich zum auf die smarte Heizung gemalten

Gesicht meiner Enkelin.

Mein Fleisch dämmert.

IV. Geber Quartett

IV. *Unschuld …*

… des Eierschalenhospizes. Nest mit 4 leeren

Eierschalen … Fink 1 aus Beize (auf Packpapier), auf der

nunmehr kalten Heizung, vom Bett aus.

Ich brauche kein Selbst-Bewusstsein, – wie

der Vogel, der sich im Spiegel unendlich antanzt. Fink 2

ein zusammengebundenes Strohding. Fink 3

schwebt als Reagenzglas mit Zungenabstrich – meiner DNA

und DNA meines verpilzten Munds –

und einem braunen Buchenblatt an einem Bind-

faden. *Cry*. Fink 4 wieder eher eine Tabelle, zusammengerollte

Excel mit ein paar verlinkten „Picassos"

und allen mir bekannten Definitionen des Begriffs

„ökologische Schulden"

für Nathalie Karagiannis
(unterschr. „Daniel Falb“, Earth Overshoot Day 2017).
Das sind die Anderen durch unser Handeln
und Einkaufen entstehenden ökologischen – und
also ökonomischen, gesundheitlichen etc. – Kosten.
Ökologische Schulden gibt es nur, wo es Leute gibt, die
wissen, dass sie Gläubiger sind, und in der Lage,
die Schulden einzutreiben. Sonst fließen Ökoschulden
wie ein Wasserrinnsal gluckernd durch die Spalten
und Schründe einer abgelegenen Felswand, an die kein
Streitadler greift, *existieren*, bitter, nussig, tief, aber
zu *abgelegen*. Das Google Home-„Ei“ ist offiziell
dazu auch Rechtssystem und Richter – neben
Antwortstation aller ornithologischen Spezialfragen meiner
Enkel*innen ... –, reagiert aber meistenteils

auf keine Tat. Nur, es macht mein Fleisch

immer wieder durchsichtig mit Injektionen, dass ich mein

Gerippe direkt auf dem Lattenrost dieses geilen

Betts hier liegen sehe.

Das ja.

Mein Leben findet größtenteils außerhalb

meines Körpers statt.

Aber das Leben der ökologischen Schulden findet

nirgends statt als in einem schlierigen

Ei, bemalten Ei, im x-ten Grad von

nussiger Toxizität.

Leuchte, mein Fleisch.

Das Kuckucksjunge mit schlierigen, tiefen, schielenden Augen

rollt Sergey Brin's Ei

aus dem Nest.

Orchidee und

…wäre ohne freund
von KOOK e. V. / Ha
(für *Svalbard Paem*
de Letteren (fü
Constellations of D
Barcelona (für *Gebe*
Schenkung von Ma
nicht en

echnofossil. . .

che Unterstützung
ptstadtkulturfonds
/laams Fonds voor
Chicxulub Paem),
ot / Universidad de
Quartett) sowie eine
gery M. Darby (†)
tanden.

Danke.

Daniel Falb, geboren 1977 in Kassel, lebt in Berlin. Er veröffentlichte drei Gedichtbände, zuletzt *CEK,* kookbooks 2015. In Übersetzung erschienen *Naturezas-mortas sociais,* Portugiesisch–Deutsch, Edition Sextante 2009, und *New Zork,* Niederländisch, Zegwerk 2014. Als philosophischer Autor arbeitet Falb zu Fragen der Geophilosophie, der kulturellen Evolution und der zeitgenössischen Poetik. Er war Kollaborateur der kollektiven Poetik *Helm aus Phlox* (mit A. Cotten, H. Jackson, S. Popp., M. Rinck), Merve 2011, in jüngerer Zeit erschien der Essay *Anthropozän. Dichtung in der Gegenwartsgeologie,* Verlagshaus Berlin 2015. Falbs Arbeit wurde mit zahlreichen Stipendien und Preisen gefördert, zuletzt mit dem Kurt Sigel-Lyrikpreis des PEN Zentrums Deutschland 2016. 2019 erschien, als Beitrag zur geophilosophischen Metaphysik, die Abhandlung *Geospekulationen. Metaphysik für die Erde im Anthropozän* bei Merve. Foto: © Daniel Falb

978-3-937445- KOOKBOOKS REIHE LYRIK

00-7 Daniel Falb **die räumung dieser parks**
03-8 Steffen Popp **Wie Alpen**
04-5 Ron Winkler **vereinzelt Passanten**
14-4 Gerhard Falkner **Gegensprechstadt – ground zero +** CD Music by David Moss
16-8 Uljana Wolf **kochanie ich habe brot gekauft**
18-2 Hendrik Jackson **Dunkelströme**
22-9 Tom Schulz **Vergeuden, den Tag**
23-6 Monika Rinck **zum fernbleiben der umarmung**
27-4 Christian Schloyer **spiel • ur • meere**
29-8 Sabine Scho **Album**
30-4 Christian Hawkey **Reisen in Ziegengeschwindigkeit**
34-2 Sabine Scho **farben**
35-9 Steffen Popp **Kolonie Zur Sonne**
37-3 Monika Rinck **Helle Verwirrung & Rincks Ding- und Tierleben**
38-0 Uljana Wolf **falsche freunde**
39-7 Daniel Falb **BANCOR**
41-0 Martina Hefter **Nach den Diskotheken**
42-7 Matthea Harvey **Du kennst das auch**
43-4 Alexej Parschtschikow **Erdöl**
44-1 Alexander Gumz **ausrücken mit modellen**
45-8 Mathias Traxler **You're welcome**
46-5 Daniela Seel **ich kann diese stelle nicht wiederfinden**
47-2 Michael Palmer **Gegenschein**
49-6 Monika Rinck **Honigprotokolle**
50-2 Dagmara Kraus **kummerang**
51-9 Gerhard Falkner **Pergamon Poems +** DVD 5 Gedicht-Clips von C. Lieb & F. v. Boehm
52-6 Hendrik Jackson **Im Licht der Prophezeiungen**
53-3 Christian Hawkey / Uljana Wolf **SONNE FROM ORT**
54-0 Steffen Popp **Dickicht mit Reden und Augen**
55-7 Martina Hefter **Vom Gehen und Stehen. Ein Handbuch**
56-4 Tristan Marquardt **das amortisiert sich nicht**
57-1 Uljana Wolf **meine schönste lengevitch**
60-1 Ulf Stolterfoht **neu-jerusalem**
61-8 Katharina Schultens **gorgos portfolio**
62-5 Karla Reimert **Picknick mit schwarzen Bienen**
63-2 Farhad Showghi **In verbrachter Zeit**
65-6 Rike Scheffler **der rest ist resonanz**
66-3 Linus Westheuser **oh schwerkraft**
67-0 Rozalie Hirs **gestammelte werke**
69-4 Sonja vom Brocke **Venice singt**
70-0 Dagmara Kraus **das vogelmot schlich mit geknickter schnute** zweiundzwanzig elfzeiler
71-7 Daniel Falb **CEK**
72-4 Christian Filips / Monika Rinck / Franz Tröger **Lieder für die letzte Runde** CD
73-1 Daniela Seel **was weißt du schon von prärie**
75-5 **mehr als pullover borgen** Anthologie Finnisch–Deutsch
77-9 Martina Hefter **Ungeheuer.** Stücke / Gedichte
78-6 Yevgeniy Breyger **flüchtige monde**
81-6 Birgit Kreipe **SOMA**
80-9 Anja Bayer, Daniela Seel (Hg.) **Lyrik im Anthropozän** Anthologie
82-3 Cia Rinne **zaroum / notes for soloists / l'usage du mot**
83-0 Eugene Ostashevsky **Der Pirat, der von Pi den Wert nicht kennt**
84-7 Steffen Popp **118**
85-4 Mette Moestrup **Stirb, Lüge, stirb**
86-1 Alexander Gumz **barbaren erwarten**
87-8 Farhad Showghi **Wolkenflug spielt Zerreißprobe**
88-5 Katharina Schultens **untoter Schwan**
90-8 Martina Hefter **Es könnte auch schön werden** Gedichte/Sprechtexte
91-5 Hendrik Jackson **Panikraum**
92-2 Susanne Schulte, Daniela Seel (Hg.) **Sibyllen & Propheten Triggerpunkte tom Ring**
93-9 Ulf Stolterfoht **fachsprachen XXXVII – XLV**
94-6 Christiane Heidrich **Spliss**
95-3 Tristan Marquardt **scrollen in tiefsee**
96-0 Monika Rinck **Alle Türen** Gedichte
97-7 Georg Leß **die Hohlhandmusikalität**
98-4 Daniel Falb **Orchidee und Technofossil**
99-1 Athena Farrokhzad **Bleiweiß**

978-3-948336-

00-4 Charlotte Warsen **Plage**
01-1 Dagmara Kraus **liedvoll, deutschyzno**

Reihe Lyrik Band 64 | 1. Auflage 2019
Gestaltung: Andreas Töpfer | Gesetzt aus der Portrait Text und Akzidenz-Grotesk Next
Druck & Bindung: Steinmeier, Deiningen | Printed in Germany | 978-3-937445-98-4

19,90 € (D) | 20,50 € (A)

978-3-937445-98-4